COURS PRATIQUE DE LANGUE ALLEMANDE

TRAITÉ

DE LA

FORMATION DES MOTS

ET DES VERBES IRRÉGULIERS

SUIVI D'EXERCICES PRATIQUES

ET PRÉCÉDÉ D'UN RÉSUMÉ DE GRAMMAIRE ALLEMANDE

Par J. DRESCH

ANCIEN PROFESSEUR DE LANGUE ALLEMANDE AU PRYTANÉE MILITAIRE DE LA FLÈCHE
PROFESSEUR A L'ÉCOLE MONGE.

PARIS

IMPRIMERIE ET LIBRAIRIE CLASSIQUES

DELALAIN FRÈRES

115, BOULEVARD SAINT-GERMAIN, 115

On trouve à la même librairie :

Nouvelle Collection des auteurs allemands, à l'usage des établissements d'instruction publique, éditions classiques, précédées de notices littéraires et historiques, par *M. E. Hallberg*, professeur de littérature étrangère à la faculté des lettres de Toulouse : format in-18.

Adelbert de Chamisso. Pierre Schlemihl, édition classique précédée d'une notice littéraire ; in-18. — 80 c.

Gœthe. Hermann et Dorothée, poème, édition classique, précédée d'une notice littéraire ; in-18. — 80 c.

Gœthe. Iphigénie en Tauride, tragédie, édition classique, précédée d'une notice littéraire ; in-18. — 1 f.

Gœthe. Le Tasse, tragédie, édition classique précédée d'une notice littéraire ; in-18. — 1 f.

Herder et Liebeskind. Les Feuilles de Palmier, première partie, édition classique précédée d'une notice littéraire ; in-18. — 1 f. 25 c.

Lessing. La Dramaturgie, articles choisis de critique sur l'art dramatique, édition classique précédée d'une notice littéraire ; in-18. — 1 f. 75 c.

Lessing. Laocoon, des limites de la poésie et de la peinture, édition classique précédée d'une notice littéraire ; in-18. — 1 f. 75 c.

Lessing. Minna de Barnhelm, comédie, édition classique précédée d'une notice littéraire ; in-18. — 1 f. 2[illegible]

Schiller. La Fiancée de Messine, tragédie, édition classique précédée d'une notice littéraire ; in-18. — 1 f. 25 c.

Schiller. Guillaume Tell, tragédie, édition classique précédée d'une notice littéraire ; in-18. — 1 f. 25 c.

Schiller. Histoire de la Révolte des Pays-Bas, premier et deuxième livres, édition classique précédée d'une notice littéraire ; in-18. — 1 f. [illegible] c.

Schiller. Jeanne d'Arc, tragédie, édition classique, précédée d'une notice littéraire ; in-18. — 1 f. 25 c.

Schiller. Marie Stuart, tragédie, édition classique précédée d'une notice littéraire, in-18. — 1 f. 25 c.

Schiller. Le Neveu et l'Oncle, comédie, édition classique précédée d'une notice littéraire ; in-18. — 90 c.

Schmid (Chanoine). Fridolin et Dietrich, édition classique précédée d'une notice littéraire, in-18. — 1 f. 60 c.

Schmid (Chanoine). Henri d'Eichenfels, édition classique précédée d'une notice littéraire ; in-18. — [illegible] c.

Choix de Ballades allemandes, avec introduction, notice et notes en français par *M. E. Hallberg* ; 1 vol. grand in-18. — *cart.* 1 f. 50 c.

Gœthe. Extraits de ses Mémoires (*Dichtung und Wahrheit*), avec introduction, notes et remarques en français par *M. E. Hallberg* : 1 vol. grand in-18. — *cart.* 2 f. 25 c.

Kleist (de). Michel Kohlhaas, édition classique, avec notice biographique et littéraire, analyse et annotations en français par *MM. J. [illegible]*, professeur de langue allemande, et *J. [illegible]*, licencié ès lettres ; 1 vol. grand in-18. — *cart.* 1 f.

Kotzebue. La Petite Ville allemande, nouvelle édition avec notes et remarques en français par *M. E. Hallberg* ; grand in-18. — *cart.* 1 f. 25 c.

Krummacher. Paraboles choisies, édition classique avec analyse et notes en français par *M. E. Hallberg* ; grand in-18. — *cart.* 1 f. 50 c.

Schiller. Histoire de la Guerre de Trente ans (*cinq livres*), édition complète, avec une introduction historique et littéraire et des notes et remarques en français par *M. E. Hallberg* : 1 fort vol. grand in-18. — *cart.* 3 f.

TRAITÉ

DE LA

FORMATION DES MOTS

OUVRAGES DU MÊME AUTEUR :

Grammaire allemande, avec Exercices pratiques et Thèmes, par *M. J. Dresch*, ancien professeur de langue allemande au Prytanée militaire de la Flèche, professeur à l'École Monge, chevalier de la Légion d'honneur : 1 vol. in-12, de XVI-304 pages, *cart.* 2 f. 50 c.

Gallicismes et Germanismes, Grammaire allemande, à l'usage des Classes supérieures de l'Enseignement classique et moderne, des candidats à Saint-Cyr et à la Licence, par *M. J. Dresch*; 1 vol. in-8°, *cart.* 5 f.

Choix de Morceaux classiques des meilleurs écrivains allemands, à l'usage des Classes de Grammaire (Sixième, Cinquième, Quatrième), extraits d'Andersen, Campe, Krummacher, Herder, Liebeskind, Lessing, Schmid, etc., avec notes par *M. J. Dresch* : 7e édition, 1 vol. in-12, *cart.* 2 f.

Dictionnaire classique allemand-français et français-allemand (Nouveau), rédigé spécialement en vue de l'enseignement de la langue allemande dans les établissements d'instruction publique, par *M. J. Dresch* : 15e édition; 2 forts volumes grand in-18 à deux colonnes, *rel. demi-chag.*, 8 f.

Chaque volume se vend séparément :

Dictionnaire classique allemand-français (Nouveau), par *M. J. Dresch;* 1 vol. grand in-18 à deux colonnes, de XXIV-1112 pages, *rel. toile*, 4 f. 50 c.

Dictionnaire classique français-allemand (Nouveau), par *M. J. Dresch:* 1 vol. grand in-18 à deux colonnes, de XII-792 pages, *rel. toile*, 3 f. 75 c.

Dialogues, Conversations et Questions, *en français et en allemand*, suivis d'interrogations sur la grammaire, la géographie, l'histoire et la littérature de l'Allemagne, à l'usage des élèves et des candidats au Baccalauréat, par *M. J. Dresch* : 10e édition; 1 vol. grand in-32, *rel. toile*, 2 f.

COURS PRATIQUE DE LANGUE ALLEMANDE

TRAITÉ

DE LA

FORMATION DES MOTS

ET DES VERBES IRRÉGULIERS

SUIVI D'EXERCICES PRATIQUES

ET PRÉCÉDÉ D'UN RÉSUMÉ DE GRAMMAIRE ALLEMANDE

Par J. DRESCH

ANCIEN PROFESSEUR DE LANGUE ALLEMANDE AU PRYTANÉE MILITAIRE DE LA FLÈCHE
PROFESSEUR A L'ÉCOLE MONGE.

SIXIÈME ÉDITION, REVUE ET MODIFIÉE.

PARIS

IMPRIMERIE ET LIBRAIRIE CLASSIQUES

DELALAIN FRÈRES

115, BOULEVARD SAINT-GERMAIN, 115

AVERTISSEMENT.

Ce volume de règles et d'exercices sur la *formation des mots* et les *verbes irréguliers* est un complément de la Grammaire allemande, qui est destiné aux élèves possédant déjà les principes de la langue, c'est à-dire aux élèves de Quatrième, de Troisième et de Seconde.

Nous nous sommes efforcé, dans cet ouvrage, d'atteindre un triple but : d'abord, apprendre rapidement à l'élève, par des règles brèves et précises et par de nombreux exercices, à former lui-même les termes dérivés et composés, qui occupent une place si importante dans la langue allemande; ensuite, en appliquant les règles de dérivation aux verbes irréguliers, divisés en classes et en catégories, mettre en regard de chaque verbe ses dérivés et ses composés les plus usités, et révéler ainsi à l'élève tout le mécanisme de cette langue; enfin, par une suite de phrases variées de versions et de thèmes, familiariser l'élève avec toutes les difficultés que présentent les verbes irréguliers et les verbes composés. L'élève arrivera ainsi dans les classes supérieures muni de tous les éléments du langage qui lui permettront de tenir une conversation et de lire les chefs-d'œuvre de la littérature allemande. En effet, pour que les élèves apprennent à lire les auteurs et à parler couramment, il ne leur suffit pas de posséder les principes de la Grammaire et un certain nombre de termes simples; il faut encore qu'ils connaissent les règles de formation des mots, et qu'ils s'exercent eux-mêmes à tirer d'une racine ses formes dérivées et composées. Ensuite, pour que ce travail de mots leur soit réellement profitable, il faut qu'ils les emploient dans de nombreuses phrases, les unes empruntées aux ouvrages classiques des deux langues, les autres immédiatement applicables à la conversation.

Dans la première partie de ce volume comprenant, d'après le programme des études, les règles de la formation des mots (mots primitifs et radicaux, mots dérivés et composés), nous avons fait suivre chaque règle de nombreux exercices; dans la deuxième, nous avons appliqué ces règles de dérivation à tous les verbes irréguliers, en faisant figurer dans des tableaux, en regard de chacun de ces verbes, ses radicaux et ses formes dérivées et composées les plus usuelles; enfin, pour faire appliquer ces règles à l'élève, nous lui donnons, dans la troisième partie, des versions et des thèmes parlés et écrits, qui renferment, classe par classe et catégorie par catégorie, toutes les formes irrégulières des verbes forts et de leurs principaux composés. Nous insistons spécialement sur ces derniers verbes, qui offrent tant de difficultés, en faisant ressortir « l'influence du préfixe sur la conjugaison, sur l'acception du verbe, et le rôle qu'il joue dans la construction ».

Pour faciliter aux élèves la traduction de ces exercices, nous résumons, en tête de notre ouvrage, par ordre alphabétique, les difficultés grammaticales qui peuvent se présenter, tant au point de vue des déclinaisons que de la syntaxe des mots.

J. D.

RÉSUMÉ DE GRAMMAIRE ALLEMANDE

DISPOSÉ PAR ORDRE ALPHABÉTIQUE

DES DIFFICULTÉS GRAMMATICALES QUI PEUVENT SE PRÉSENTER.

A

A, prép........... Devant le complément d'un verbe et d'un adjectif, se rend par le *datif*.

A................ 1° Synonyme de *avec*, mit : à bras ouverts, mit offenen Armen;
2° Synonyme de *dans*, in : à l'école, in der (die) Schule;
3° Marquant la *direction* vers un lieu, nach : il va à Paris, er geht nach Paris;
4° Devant les noms exprimant l'*heure*, um : à deux heures, um zwei Uhr;
5° Indiquant le *but*, la *fin*, an : au commencement, am Anfang; j'écris à mon frère, ich schreibe an meinen Bruder;
6° Indiquant le *rapport de temps*, bei : à mon arrivée, bei meiner Ankunft;
7° Marquant : 1° *la manière d'être et le rapport*, zu : à pied, zu Fuß, à gauche, zur Linken; 2° *l'effet*, zu : venir au secours de quelqu'un, einem zu Hülfe kommen;
8° Indiquant : 1° *le lieu où l'on est, où l'on va*, auf : être à la chasse, auf der Jagd sein; aller à la campagne, auf das Land gehen; 2° *le rapport exact de temps*, auf : à demain, auf Morgen;
9° Devant un *infinitif*, zu : mettez-vous à écrire, fangen Sie an zu schreiben.

A supprimé........ 1° Devant un nom de *distance* : à 20 lieues de Paris, zwanzig Stunden von Paris; 2° entre deux substantifs qui forment un composé en allemand : arme à feu, Feuergewehr; 3° devant un infinitif complément des verbes heißen, ordonner; helfen, aider; lehren, enseigner; lernen, apprendre : il apprend à nager, er lernt schwimmen.

A partir de...... Von.... an : à partir de ce jour, von diesem Tage an.

Accusatif absolu. Il s'emploie : 1° avec les adjectifs : alt, âgé; breit, large; dick, épais; groß, grand; hoch, haut; lang, long; schuldig, redevable; schwer, pesant; stark, fort; tief, profond; werth, ayant la valeur de : âgé de dix ans, zehn Jahre alt; 2° avec certains verbes pour marquer la *distance*, l'*âge*, la *mesure*, et particulièrement avec le verbe *demeurer* : il demeure à une lieue d'ici, er wohnt eine Stunde von hier.

Adjectifs numéraux ordinaux.

Employés au lieu d[es a]djectifs cardinaux : 1° pour exprimer le quantième : le deux mai, der zweite Mai; 2° après le nom des souverains : Henri IV, Heinrich der Vierte.

Adjectifs numéraux de manière.

Ils se forment à l'aide du suffixe erlei, ajouté aux noms de nombres cardinaux : d'une sorte, einerlei; de deux sortes, zweierlei. Ces adjectifs sont *invariables*.

Adjectifs numéraux réduplicatifs.

Ces adjectifs se forment à l'aide du suffixe fach ou fältig, ajouté aux noms de nombres cardinaux : simple, einfach, einfältig; double, zweifach, zweifältig.

Adjectifs qualificatifs épithètes.

Leur déclinaison. Les adjectifs qualificatifs se déclinent de deux manières :

1° Les adjectifs employés sans déterminatif ou précédés d'un déterminatif qui n'a pas les terminaisons de l'article défini, prennent les désinences de cet article, excepté aux génitifs singuliers masculin et neutre, qui prennent en au lieu de es ; ex. : (de) bon vin, guter Wein; un bon vin, ein guter Wein; (de) bons livres, gute Bücher;

2° Les adjectifs précédés de l'article défini ou d'un déterminatif qui a les terminaisons de l'article défini, prennent en à tous les cas du singulier et du pluriel, excepté au nominatif singulier des trois genres et à l'accusatif féminin et neutre, qui prennent e; ex. : le bon vin, der gute Wein; les bons vins, die guten Weine.

Remarque. Les adjectifs qualificatifs précédés des pronoms wir et ihr suivent également la 2e déclinaison : vous (autres) pauvres gens, Ihr armen Leute.

Adjectifs qualificatifs invariables.

Ce sont : 1° les *attributs*, compléments de verbes exprimés ou sous-entendus : ces jeunes gens grandissent, diese jungen Leute werden groß; battus par nos troupes, les ennemis se replièrent, von unseren Truppen geschlagen, zogen sich die Feinde zurück;

2° *Les adjectifs adverbes :* parler haut, laut sprechen,

3° *Les adjectifs en* er *formés des noms de villes ou de pays :* du vin de Bourgogne, Burgunder Wein; de la bière de Strasbourg, Straßburger Bier;

4° *Les adjectifs numéraux en* erlei *et en* halb : deux sortes de drap, zweierlei Tuch; deux et demi, dritthalb.

Adjectifs qualificatifs qui ne s'emploient que comme *attributs*

Les plus usités sont : allein, seul; brach, en friche; feind, hostile; irre, égaré; kund, connu; leid, pénible; nütz, utile; quer, transversal; bereit, prêt; gewohnt, accoutumé : ton frère seul est venu, dein Bruder allein ist gekommen.

Adjectifs qualificatifs qui ne s'emploient que comme *épithètes.*

Ce sont : 1° *les adjectifs dérivés des adverbes de temps ou de lieu :* d'aujourd'hui, heutig; d'ici, hiesig;

2° *Les adjectifs dérivés des noms de matière* : d'or, golden.

Adjectifs pris substantivement.

Les adjectifs pris *substantivement* prennent une lettre majuscule et se déclinent comme les autres adjectifs : le pauvre, der Arme; un pauvre, ein Armer; les pauvres, die Armen.

Adjectifs gouvernant le *génitif*.

Les plus usités sont : bewußt, ayant conscience (de); fähig, capable; gewiß, sûr; kundig, ayant la connaissance (de); mäch-

Adjectifs gouvernant le *génitif* (suite). tig, maître; schuldig, coupable; werth, würdig, digne; **überdrüssig**, fâché; verdächtig, suspect; verlustig, privé : il en est digne, **er** ist dessen würdig; il possède une langue étrangère, **er ist einer** fremden Sprache mächtig.

Adjectifs gouvernant l'*accusatif*. Voir *Accusatif absolu*.

Aider............ Helfen, suivi du *datif* : aide-moi, **hilf mir**.

Afin que........ Damit (daß), suivi du *subjonctif*.

Aller............ 1° Indiquant un avenir très rapproché sert à former le *futur*: nous allons travailler, **wir wollen arbeiten**; il va pleuvoir, **es** will regnen;

2° Ne se traduit pas : il va visiter, er besucht;

3° *Locution* : va me chercher un livre (va et cherche-moi), gehe und hole mir ein Buch.

Apprendre...... (Enseigner) régit *l'accusatif* : j'apprends aux enfants à nager, ich lehre die Kinder schwimmen.

Veulent encore l'*accusatif*, les verbes : **fragen**, demander; heißen, ordonner; **ändern** et **wechseln**, changer de; **brauchen**, user de; **mißbrauchen**, abuser de.

Approcher (de) . Nahen, suivi du *datif*.

Après........... Devant un *infinitif* se tourne par *après que*, et l'infinitif se remplace par un mode personnel : après m'avoir écrit, **nachdem** er mir geschrieben **hatte**.

Article défini... (*Emploi de l'*). 1° Devant un *nom propre* pour en déterminer le cas : les tragédies d'Euripide, **die Trauerspiele des Euripides**; je lis Homère, **ich** lese den Homer;

2° Devant les noms des *saisons*, des *mois* et des *années* : en été, im Sommer; en 1870, im Jahr 1870;

3° Devant des *noms abstraits* au génitif : un sentiment d'envie, ein Gefühl **des Neids**;

4° Devant un nom régi par **zu** avec les verbes marquant *transformation*, comme **werden**, devenir; **machen**, faire; ernennen, nommer; **wählen**, choisir : nommer professeur, zum Professor ernennen;

5° Dans *certaines locutions*, comme : perdre courage, **den** Muth verlieren; coupable de négligence, **der** Nachlässigkeit schuldig; être d'avis, der Meinung sein; en petit, im Kleinen; en tout, im Ganzen; en détail, im Einzelnen; en général, im Allgemeinen; pour récompense, **zum** Lohne ou **zur** Belohnung.

Article défini... (*Suppression de l'*). 1° Devant les *noms de pays neutres* non accompagnés d'un adjectif : l'Allemagne, **Deutschland**;

2° Devant les substantifs précédés d'un *génitif* qu'ils régissent : les œuvres de Schiller, **Schillers Werke**;

3° Après *tous* (alle) : tous les hommes, alle **Menschen**.

Article indéfini. (*Emploi de l'*). 1° Devant les noms qui expriment la *profession*, le *titre*, la *nationalité* : il est acteur, **er ist** ein Schauspieler; il est Allemand, **er** ist ein **Deutscher**;

Article indéfini (suite). 2° Devant un substantif en *apposition* : Iphigénie, tragédie de Gœthe. Iphigenie, eine Tragödie von Göthe;

3° Remplace l'*article défini* lorsqu'on énumère les propriétés physiques ou morales d'une personne ou d'une chose : il a la barbe longue, er hat einen großen Bart.

Article indéfini. (*Suppression de l'*). Devant un nom précédé d'un adjectif et dépendant d'une préposition : avec une véritable joie, mit wahrhafter Freude.

Assez............ 1° Sens génér. : genug, qui se place après l'adjectif ou l'adverbe : il est assez riche, er ist reich genug;

2° (*Passablement*) ziemlich : cela est assez bon, das ist ziemlich gut.

Auxiliaires.... Haben et sein. Haben exprime l'*action*, et sein, l'*état*, le *résultat*.

Haben sert à former les temps composés : 1° des *verbes actifs*; 2° des *verbes réfléchis* et *unipersonnels* : je me *suis* bien porté, ich habe mich wohl befunden; il a plu, es hat geregnet; 3° des *verbes neutres* qui n'expriment ni *changement de lieu*, ni *changement d'état* : j'ai ri, ich habe gelacht; je me *suis* tenu debout, ich habe gestanden; j'ai grimpé, ich habe geklettert.

Sein forme les temps composés : 1° de sein, werden, bleiben; 2° des verbes *neutres* qui expriment *changement d'état* ou *de lieu* : il a fui, er ist geflohen; il a grandi, er ist gewachsen; il a grimpé à l'arbre, er ist auf den Baum geklettert.

Auxiliaires de modes. Les auxiliaires de modes dürfen, avoir le droit de; können, pouvoir; mögen, pouvoir, vouloir; müssen, falloir; sollen, devoir; wollen, vouloir, et lassen, faire, au participe passé suivi d'un infinitif, prennent la *forme de l'infinitif* : je n'ai pas pu travailler, ich habe nicht arbeiten können.

Remarque. Cette règle est facultative pour les verbes heißen, commander; machen, faire; helfen, aider; lehren, enseigner; lernen, apprendre; hören, entendre; sehen, voir; fühlen, sentir.

Avant de........ Avec un *infinitif* se tourne par *avant que*, et l'infinitif se remplace par un mode personnel (indicatif) : avant de mourir (avant qu'il mourût), bevor ou ehe er starb.

Avec............ 1° Sens gén. mit; 2° (*y compris*) sammt; 3° (*outre*) nebst; 4° (*malgré*) bei.

Avoir........... (*Il y a*) 1° (*il existe, il se rencontre*) es gibt (acc.) : il n'y a qu'un seul Dieu, es gibt nur einen Gott.

2° (*Il est, il se trouve*) es ist : y a-t-il quelqu'un ici? ist Jemand hier?

3° Devant un nom de *temps*, vor; seit : il y a vingt ans, vor zwanzig Jahren; il y a dix ans que je suis dans cette ville, seit zehn Jahren bin ich in dieser Stadt.

B

Beaucoup (de)... 1° Exprimant *une grande quantité*, viel : beaucoup d'argent, viel Geld; beaucoup d'amis, viele Freunde; 2° *à un haut degré*, sehr : il le désire beaucoup, er wünscht es sehr.

Braver.......... Trotzen, suivi du datif : il me brave, er trotzt mir.

C

Ce............... 1° Sens gén. dieser, e, es; 2° se rapportant à une personne ou à une chose dont il n'a pas été question précédemment, jener, e, es.

Celui............ Suivi d'un *relatif :* der (jenige).

Celui qui........ Der (jenige), welcher; wer.

C'est moi........ C'est lui, Ich bin es; er ist es.

Changer de...... (Ver) ändern; wechseln, suivis de l'*accusatif :* changer de visage, das Gesicht verändern; changer de place, den Platz wechseln.

Comme (conj.)... 1° *A titre de*, *en qualité de*, als : comme ami, als Freund; 2° *aussi bien que*, wie : tout comme moi, gerade wie ich; 3° *vu que*, da : comme vous êtes venu, da Sie gekommen sind.

Comparatif formé avec mehr. Il s'emploie lorsqu'on compare entre elles deux qualités attribuées à la même personne ou à la même chose : plus mort que vif, mehr todt als lebendig.

Comparatif au lieu du superlatif. Quand il ne s'agit que de deux personnes ou de deux choses : le plus jeune des deux frères, der jüngere der Brüder.

Comparatif et superlatif. Adjectifs qui *adoucissent* au *comparatif* et au *superlatif;* ce sont : alt, âgé; arg, mauvais; arm, pauvre; hart, dur; kalt, froid; krank, malade; lang, long; nah, proche; scharf, tranchant; schwach, faible; schwarz, noir; stark, fort; warm, chaud; grob, grossier; groß, grand; hoch, haut; roth, rouge; jung, jeune; klug, sage; kurz, court.

Construction.... *Proposition principale : l'infinitif* et le *participe* se mettent après leurs compléments : mon frère est *parti* hier pour Paris, mein Bruder ist gestern nach Paris gereist.

Inversion : elle consiste à mettre le sujet après le verbe dans la proposition principale : 1° quand elle est *interrogative :* votre frère part-il avec vous? reist Ihr Bruder mit Ihnen? 2° quand elle commence par un complément : (c'est) *avec mon frère* (que) je pars demain pour Paris, mit meinem Bruder reise ich morgen nach Paris; 3° quand elle commence par un adverbe : demain je pars pour Paris, morgen reise ich nach Paris; 4° quand la proposition principale est précédée d'une subordonnée : s'il fait beau temps demain, je pars avec mon frère pour Paris,

Construction... (suite). wenn (es) morgen schön(es) Wetter ist, reise ich mit meinem Bruder nach Paris.

Proposition subordonnée. — *Rejet.* Dans la proposition subordonnée, le *verbe* se met à la *fin* : lui qui *a* travaillé hier toute la journée, er, der gestern den ganzen Tag gearbeitet **hat.**

Exception à la règle du rejet. Quand la proposition subordonnée se termine par plusieurs *infinitifs*, le verbe auxiliaire, au lieu de se rejeter à la fin, se met devant les infinitifs : lui qui n'a pas voulu travailler hier, er, der gestern nicht **hat** arbeiten wollen.

Contredire...... Widersprechen, suivi du *datif.*

Croire........... Glauben, veut : 1° le nom de la *personne* au *datif:* je te crois, ich glaube dir; 2° le nom de la *chose* à l'*accusatif :* je le crois, ich glaube es.

Croire........... Suivi d'un *infinitif*, s'emploie avec **zu** : il croit être savant, er glaubt gelehrt zu sein.

D

Dans............ 1° *Acception gén.* in; 2° (*sur*) auf : dans la rue, auf der (die) Straße; 3° (*chez*) bei : dans Schiller, bei Schiller; 4° (*hors de*) **aus** : boire dans un verre, aus einem Glas trinken.

De (prépos.)....... Après un *adjectif* : 1° *génitif*, voir les *adjectifs* gouvernant le génitif; 2° se traduit par des *prépositions* diverses : satisfait (de), zufrieden (mit); joyeux (de), froh, vergnügt (über); fier (de), stolz (auf); ivre (de), trunken (vor), etc.

De.............. Entre *deux substantifs :* 1° *rapport de possession, génitif.* le livre de mon frère, das Buch meines Bruders; 2° *d'origine, de provenance*, von : un anneau d'or, ein Ring von Gold; l'empereur de Russie, der Kaiser von Rußland; le comte de Friedland, der Herzog von Friedland; 3° *de tendance* zu : l'amour de la gloire, die Liebe zum Ruhm; 4° (*auprès*) bei : la bataille d'Austerlitz, die Schlacht bei Austerlitz; 5° (*dans*) in, zu : Dieu du ciel! Gott im Himmel! la cathédrale de Cologne, der Dom zu Köln.

De supprimé.... Entre deux substantifs : 1° quand ils désignent le *même objet :* la ville de Paris, die Stadt Paris; le mois de mai, der Monat Mai; 2° quand le premier est un nom de *mesure* ou de *quantité :* une bouteille de vin, eine Flasche Wein; deux livres de cerises, zwei Pfund Kirschen; 3° pour former un nom composé : lettre de change, Wechselbrief.

De.............. Devant un *substantif* complément d'un *verbe :* 1° rapport de *provenance* et avec les verbes *passifs*, von : il vient de Vienne, er kommt von Wien; il est aimé de tout le monde, er wird von Jedermann geliebt; 2° de *sortie, extraction*, aus : l'eau jaillit du rocher, das Wasser quillt aus dem Felsen; un philosophe du dix-huitième siècle, ein Philosoph aus dem achtzehnten Jahrhundert;

De (suite)......... 3° de *cause*, vor : pleurer de joie, vor Freude weinen; 4° (*sur, au sujet de*) über : se réjouir de, sich freuen über; de la grandeur des Romains, über die Größe der Römer; 5° (*avec*) mit : orné de fleurs, mit Blumen verziert.

De.............. Après *plus* se rend par als : cet enfant n'a pas plus de dix ans, dieses Kind ist nicht mehr als zehn Jahre alt.

De.............. Devant un *infinitif*, zu : il promit d'écrire, er versprach zu schreiben.

Demander....... 1° (*Désirer avoir*) begehren; verlangen; 2° (*exiger*) fordern; 3° (*prier pour*) bitten um (*acc.*) : je vous demande pardon, ich bitte Sie um Verzeihung; 4° (*interroger*) fragen (*acc.*); 5° (*quelqu'un*) fragen nach (*dat.*) : on vous demande, man fragt nach Ihnen.

Demi............. 1° (*L'heure*) précède le nom de nombre et reste *invariable* : deux heures et demie, halb drei (Uhr); 2° forme avec les noms ordinaux des adjectifs composés invariables : un jour et demi, anderthalb Tage; deux mètres et demi, dritthalb Meter.

Devoir........... 1° Marquant une *obligation morale* ou une *action future*, sollen : un bon fils doit respecter son père, ein guter Sohn soll seinen Vater ehren; il doit partir demain, er soll morgen abreisen; 2° *nécessité absolue*, müssen : l'homme doit mourir, der Mensch muß sterben.

Dont............. 1° Complément d'un *substantif*, se met au *génitif* : Dieu dont les œuvres..., Gott dessen Werke; 2° complément d'un *verbe*, s'emploie avec une *préposition* : la maladie dont il est mort, die Krankheit, an welcher ou woran er gestorben ist; 3° locution *ce dont* (*de quoi, par quoi*) : ce dont ils furent fort piqués, wodurch sie sich sehr beleidigt fühlten.

E

Éclairer......... Leuchten, suivi du *datif* : éclaire-moi, leuchte mir.

Écouter......... Zuhören, suivi du *datif* : écoute-le, höre ihm zu.

En (prép.)....... 1° Synonyme de *dans*, in; 2° (*comme*) wie, als : il combattit en héros, er kämpfte wie ein Held; 3° rapport de *matière*, aus, von : en or, aus Gold; 4° *manière d'être*, bei : en bonne santé, bei guter Gesundheit; 5° (*avec*) mit : en peu de mots, mit wenigen Worten; 6° marquant le *rapport*, an : riche en vertus, reich an Tugenden; 7° *l'état*, auf : en voyage, auf der Reise; en français, auf französisch.

En (adv.)......... (*De là*) von dort : allez-vous à Paris? Non, j'en viens, gehen Sie nach Paris? Nein, ich komme von dort.

En (pron. indéterminé). Régime indirect (de ceci, de cela, de ces choses) (de lui, d'elle, d'eux) : 1° *génitif* : j'en connais les environs, ich kenne dessen Umgegend ou die Umgegend desselben; vous en souvenez-vous? erinnern Sie sich dessen? 2° *prépositions diverses* : n'en

En (pron. indéterminé) (suite). parlons plus, sprechen wir nicht mehr davon; j'*en* suis content, ich bin damit zufrieden; il s'*en* afflige, er betrübt sich darüber; qui s'*en* inquiète? wer bekümmert sich darum? je n'*en* doute pas, ich zweifle nicht daran; 3° *partitif* (*de cela*), davon : il lui *en* donna une partie, er gab ihm einen Theil davon; 4° tenant lieu de *régime direct* (*un tel*, *de tels*), au *singulier* avec un *nom de nombre*, *en* se supprime : voulez-vous une belle fleur? j'(*en*) ai cueilli une, wollen Sie eine schöne Blume? ich habe eine gepflückt; au *pluriel*, welche ou solche : j'en ai cueilli, ich habe welche ou solche gepflückt.

Entre........... 1° (*Parmi*) unter : qui d'entre vous? wer unter euch? 2° (*entre deux personnes ou deux objets*) zwischen : il s'assit entre mon frère et moi, er setzte sich zwischen mich und meinen Bruder.

Être............. Suivi d'un participe passé, se traduit : 1° par sein, quand on exprime l'*état* ou *une action complètement achevée* : l'ennemi *est* battu (la bataille est gagnée), der Feind ist geschlagen; l'ennemi *était* battu, der Feind war geschlagen; 2° par werden, quand l'*action dure encore* ou *se fait au moment où l'on parle* : l'ennemi *est* battu (en ce moment), der Feind wird geschlagen; l'ennemi *fut* battu, der Feind wurde geschlagen.

F

Faire............ Avec un *infinitif*, se traduit le plus souvent par lassen : faire bâtir, bauen lassen; quelquefois par bringen (zu) : faire rire, parler, zum Lachen, zum Reden bringen.

Falloir.......... Müssen (verbe personnel) : il faut que je sorte, ich muß ausgehen.

Féliciter......... Glück wünschen, gratuliren suivis du *datif* : je vous félicite, ich gratulire Ihnen.

Flatter.......... Schmeicheln suivi du *datif* : il vous flatte, er schmeichelt Ihnen

Futur........... Se rend souvent dans le langage familier par le *présent* en allemand : dites ce que vous voudrez, sagen Sie was Sie wollen.

I

Il indéfini......... Es. Le verbe s'accorde avec le *véritable sujet*, et non avec le pronom *il* (sujet apparent) : il vint trois voitures, es kamen drei Wagen; il y eut dix hommes de tués, es wurden zehn Mann getödtet.

Impératif .... Formé avec lassen, principalement à la première personne du pluriel : partons, laßt uns gehen.

Impératif........ Remplacé par un *participe passé*, surtout quand l'on commande : garde à vous, charge l'arme, Achtung, das Gewehr geladen.

Indicatif........ Après les conjonctions *bien que*, *quoique*, *après que*, *avant que*, *jusqu'à ce que* : quoiqu'il ***soit*** riche, obgleich er reich ist.

Indicatif........ Après un *superlatif :* le plus haut édifice qui *soit* dans le monde, das höchste Gebäude, welches in der Welt ist.

Infinitif........ Remplaçant le *participe passé* français. Voir *Auxiliaires de modes*.

Infinitif........ Au lieu du *participe passé* ou *présent* après les verbes *rester*, *trouver*, *voir*, *laisser :* on le trouva couché, dormant, man fand ihn liegen, schlafen.

Infinitif........ Précédé de zu, contrairement au français, où la particule est rejetée, avec les verbes glauben, croire; scheinen, paraître; wissen, savoir; hoffen, espérer; wagen, oser; denken et meinen, penser; sich einbilden, s'imaginer; geruhen, daigner; vermögen, pouvoir; wünschen, désirer : il sait parler et se taire, er weiß zu sprechen und zu schweigen.

J

Jamais.......... Synonyme de ***quelquefois***, je, jemals : avez-vous jamais vu pareille chose? haben Sie je so etwas gesehen?

Jouer.......... A un jeu, spielen, avec l'*accusatif :* jouer aux cartes, Karten spielen.

Jusque.......... Bis : 1° *conjonct.* avec l'*indicatif :* attends (jusqu'à ce) que je *sois* prêt, warte, bis ich bereit bin.

2° *Préposit.* avec an, auf, in, zu, etc., ou seul devant un nom de lieu ou de temps : jusqu'à cet endroit, bis zu diesem Orte; jusqu'au village, bis in's Dorf; jusqu'à Londres, bis London.

L

Là.......... Adv. de lieu, *sans mouvement*, da : je suis là, ich bin da; *avec mouvement*, dahin : je vais là, ich gehe dahin.

Lorsque.......... 1° Wenn, quand le verbe est au *présent* ou au *futur;* 2° als, quand le verbe est au *passé;* 3° da (*au moment où, comme*).

L'un l'autre..... Einander; l'un avec l'autre, mit einander; l'un à côté de l'autre, nebeneinander.

M

Mais.......... 1° Emploi gén. aber, allein; 2° sondern, quand, après une *proposition négative*, on veut affirmer le contraire de ce qu'on vient de nier : il ne mourra pas, *mais* guérira, er wird nicht sterben, sondern genesen.

Même.......... 1° Sens gén. selbst; 2° (*jusqu'à*) sogar.

Menacer........ Drohen, suivi du *datif :* il me menace, er droht mir; bedrohen avec l'*accusatif :* il m'a menacé de la mort, er hat mich mit dem Tod bedroht.

Mesure.......... (Noms de) *masculins et neutres* conservent la forme du singulier : quatre pieds de largeur, vier Fuß breit; deux livres de beurre, zwei Pfund Butter; trois tonneaux de bière, drei Faß Bier.

Moi, toi, etc..... *C'est moi, c'est toi*, ich bin es, du bist es.

A moi, à toi..... Ces pronoms personnels, employés avec le verbe *être*, sont rendus par des adjectifs *possessifs :* ce livre est-il à toi? ist dieses Buch dein?

Moins........... *Répété*, se traduit par weniger précédé la première fois de je, la deuxième, de desto : moins un élève travaille, moins il veut travailler, je weniger ein Schüler arbeitet, desto weniger will er arbeiten.

Moitié........... Halb, *invariable* devant un nom de pays *neutre :* la moitié de l'Europe, halb Europa.

Monsieur, mademoiselle, etc. (Mein Herr, Fräulein) quand ils sont employés seuls, *en s'adressant à une personne :* je vous en prie, monsieur, bitte, mein Herr; 2° employé *seul, en parlant d'une personne*, der Herr, das Fräulein : monsieur est-il à la maison? ist der Herr zu Hause? 3° avec un *nom*, un *titre*, Herr : monsieur Müller, Herr Müller; 4° accompagné d'un adjectif possessif : mademoiselle *votre* sœur, Ihre Fräulein Schwester.

Mourir de....... 1° (*Cause morale ou physique*) vor : mourir de chagrin, vor Kummer sterben; 2° *de maladie*, an : il est mort de la fièvre, er ist am Fieber gestorben.

N

Négation........ La négation porte sur *le terme* qu'elle *précède :* je ne visiterai pas mon père cette année, ich werde meinen Vater dieses Jahr nicht besuchen; ce n'est pas mon père que je visiterai cette année, ich werde nicht meinen Vater dieses Jahr besuchen.

Ne que.......... 1° (*Pas plus tard que*) erst : il n'est que quatre heures, es ist erst vier Uhr; 2° (*seulement, pas plus que*) : il ne dormit qu'une heure, er schlief nur eine Stunde.

Ni... ni........... Weder.... noch, le verbe restant au *singulier :* ni mon frère, ni ma sœur ne sont arrivés, weder mein Bruder noch meine Schwester ist angekommen.

Non.............. 1° Nein, n'influe pas sur la construction; 2° nicht, toutes les fois qu'il n'est pas la réponse à une question : *non* loin de, nicht weit von.

Non seulement.. Mais encore, nicht nur, sondern auch, *sans inversion du sujet :* non seulement les hommes, mais encore les femmes et les enfants furent massacrés, nicht nur die Männer, sondern auch die Weiber und Kinder wurden niedergemetzelt.

O

On.............. 1° Sens gén. man; 2° es : on sonne, es klingelt; 3° (*forme passive*) : on fait de la musique, es wird musicirt; 4° quelquefois par Einer : on est bien assis ici, da sitzt Einer bequem; 5° par sie (pluriel).

Où.............. *Adv. sans mouvement*, wo : où est-il? wo ist er? *avec mouvement*, wohin : où va-t-il? wohin geht er?

Où.............. *Locut. conjonctive*, se rend par wo; auf, in welchem, etc. : l'instant *où* nous naissons est un pas vers la mort (VOLTAIRE), der Augenblick wo (in welchem) wir geboren werden, ist ein Schritt zum Tode.

Ou.............. Répété, entweder.... oder.

Oui.............. Ja (wohl) n'influe pas sur la construction.

P

Par.............. 1° (*A travers, au moyen de*) durch : tout passe par ses mains, alles geht durch seine Hände; par son travail, durch seinen Fleiß;

2° (*Cause*) aus : par cette raison, aus diesem Grunde;

3° (*Rapport*) bei : par un mauvais temps, bei einem schlechten Wetter;

4° (*Manière, moyen*) zu : par eau et par terre, zu Wasser und zu Lande;

5° (*Passage*) über : par Munich à Vienne, über München nach Wien;

6° (*Avec*) mit : par quel train? mit welchem Zug?

Parler.............. A quelqu'un. 1° Sens gén. mit Einem sprechen; 2° *entretenir quelqu'un*, Einen sprechen.

Participe.............. *Passé* ou *présent* français remplacé en allemand par un *infinitif* après les verbes *laisser*, *rester*, *trouver*, *voir*.

Participe.............. *Présent* précédé de *en* : 1° pris adverbialement : il dit *en pleurant*, er sagte weinend; 2° rendu par une proposition subordonnée : en allant à la chasse, indem (als, da) er auf die Jagd ging; 3° par des infinitifs précédés d'une préposition : *en* écrivant, beim Schreiben; *en* allant, im Gehen.

Participe.............. *Présent* rendu par un *participe passé* après le verbe *venir* ; il vint *en courant*, er kam gelaufen.

Particules.............. De mouvement hin et her : vas-y, gehe hin; viens ici, komm her.

Pas de.............. (Aucun) se traduit par kein : je n'ai pas d'argent, ich habe kein Geld.

Pas encore.............. Noch nicht : pas non plus, auch nicht.

Passif.............. 1° (Emploi du) voy. *Être;* 2° à l'*impératif passif* on préfère sein à werden : Dieu *soit* loué, Gott sei gelobt.

Plein............ 1° Le plus souvent *invariable* : plein d'eau, voll Wasser; 2° prend quelquefois la terminaison er surtout avec un nom abstrait : plein de joie, voller Freude.

Plus (le)......... Employé adverbialement devant un adjectif : le plus beau, am schönsten.

Plus............. Répété : 1° je... desto avec un *adjectif :* plus il vieillit, plus il devient avare, je älter er wird, desto geiziger wird er; 2° je.... desto suivis de mehr avec un *verbe : plus* il a, *plus* il veut avoir, je mehr er hat, desto mehr will er haben.

Pour. ... . 1° (*Dans l'intérêt de*) für : ceci est *pour* moi, das ist für mich; épargner *pour* la vieillesse, für das Alter sparen; 2° (*en vue de*) um : combattre *pour* la liberté, um die Freiheit kämpfen; *pour* quoi, warum; *pour* cela, darum; 3° (*à cause de*) wegen : *pour* ses talents, wegen seiner Talente; 4° indiquant le *but*, la *destination*, zu : c'est *pour* votre bien, es ist zu euerem Besten; *pour* quoi? (dans quel but?) wozu?

Pour............ Devant un *infinitif*, dans le sens de *parce que*, rendu par weil : il a été puni *pour* avoir bavardé en classe, er ist bestraft worden, weil er in der Schule geplaudert hatte.

Pourvu que..... Wenn nur suivi de l'*indicatif* : pourvu qu'il soit arrivé, wenn er nur angekommen ist.

Pouvoir......... 1° Können, lorsqu'il n'y a pas d'*empêchement matériel ;* 2° dürfen (avoir le droit de, être autorisé à); 3° mögen, pouvoir (parce qu'on veut).

Préfixes......... *Inséparables* be, ge, er, ver, zer, ent (emp), miß, servant à former des verbes *dérivés* qui ont toujours *inséparables* et ne prennent pas l'augment ge au participe passé : commander, befehlen; part. passé : befohlen.

A ces préfixes inséparables, il faut joindre les deux prépositions hinter, derrière, et wider, contre : hintergehen, tromper; part. passé : hintergangen; widersprechen, contredire; part. passé : widersprochen.

Préfixes. .... *Tantôt séparables, tantôt inséparables :* durch, par, à travers; über, sur, au-dessus; unter, sous, au-dessous; um, autour. Elles sont généralement *séparables* quand le verbe est *neutre*, *inséparables* quand il est actif et accompagné d'un complément direct.

Um est encore *séparable* dans les verbes actifs quand il marque *changement :* umwerfen, renverser; part. passé : umgeworfen.

Voll est *séparable* quand il veut dire *remplir*, au propre, et *inséparable* quand il signifie *achever*.

Wieder (de nouveau) est *inséparable* dans le seul verbe wiederholen, répéter.

Préfixes......... *Séparables*. Tous les autres mots (prépositions, adverbes, substantifs et adjectifs) employés comme préfixes pour former des verbes composés, sont *séparables*. On les rejette *à la fin de la proposition* tout en tenant compte des règles de construction : sors-tu aujourd'hui? gehst du heute aus? oui, je sortirai

Préfixes (suite). aujourd'hui avec mon frère, ja, ich werde heute mit meinem Bruder ausgeben.

Prépositions... Qui veulent le *génitif*. Elles dérivent pour la plupart de substantifs; c'est ce qui explique pourquoi elles gouvernent le génitif; les plus usitées sont : **diesseit**, en deçà de; **jenseit**, au delà de; **längs**, le long de; **kraft**, en vertu de; **laut**, aux termes de; (**ver**) **mittelst**, au moyen de; (**an**) **statt**, au lieu de; **trotz**, malgré; **während**, pendant; **wegen**, à cause de.

Prépositions... Qui gouvernent le *datif*. **Aus**, de, hors de; **außer**, en dehors de, hormis; **bei**, chez, auprès de; **binnen**, dans l'espace de; **entgegen**, au-devant de; **gegenüber**, vis-à-vis de; **gemäß**, conformément à; **mit**, avec; **nach**, après, d'après; **nebst**, **sammt**, avec, outre; **seit**, depuis; **von**, de, par; **zu**, à, chez; **zuwider**, contraire à.

Prépositions.... Qui veulent l'*accusatif* : **durch**, à travers, par; **für**, pour; **gegen**, vers, contre; **ohne**, sans; **um**, autour de, pour; **wider**, contre.

Prépositions.... Gouvernant le *datif* et l'*accusatif* : **an**, à, près de; **auf**, sur, à; **hinter**, derrière; **in**, dans; **neben**, à côté de; **über**, au-dessus de, sur; **unter**, au-dessous de, parmi; **vor**, avant, devant; **zwischen**, entre (*deux* pers. ou *deux* choses)

Ces prépositions régissent l'*accusatif* quand le verbe de la proposition indique *mouvement* vers un endroit; elles régissent le *datif*, quand il y a *repos* ou mouvement *sans direction déterminée*.

Pronom......... Démonstratif **deren** (gén. plur.) remplacé par **derer**, quand *de ceux* est suivi d'un *relatif*.

Pronoms........ Interrogatifs : 1° *Quel* livre avez-vous? welches Buch haben Sie? 2° *quel* (quelle sorte de) livre désirez-vous? was für ein Buch wünschen Sie? 3° *quel* homme! welch' ein Mann!

Pronom......... Interrogatif et relatif traduit par le *neutre sing.*, quand le nom ne suit pas *immédiatement* : *quelles* sont ces personnes? welches sind diese Leute?

Pronom......... Indéfini **Einer** employé d'une manière *indéterminée* : cela *vous* fait mal, das thut **Einem** weh.

Pronom......... Personnel remplacé par le *pronom démonstratif*, pour éviter une amphibologie : le roi écrivit à l'ambassadeur qu'*il* devait partir sur le champ, der König schrieb dem Gesandten, **derselbe** müsse sogleich abreisen.

Pronoms........ De la troisième personne *lui*, *elle*, *eux*, remplacés par le *pronom réfléchi soi*, **sich**, quand ils se rapportent au *sujet* de la proposition : il n'avait pas d'argent sur *lui*, er hatte kein Geld bei sich.

Pronom......... (*Suppression du*) avec *même* : mon frère le fait *lui*-même, mein Bruder thut es selbst.

Pronom......... Personnel remplacé par le *pronom possessif* : ce livre est *à moi*, dieses Buch ist **mein**.

Q

Quand.......... Pour *lorsque*. Voy. *Lorsque*.

Quand.......... *Interrogatif et relatif* rendu par wann : quand viendra-t-il, wann wird er kommen? je ne sais quand il viendra, ich weiß nicht, wann er kommen wird.

Que.............. Traduit par daß, supprimé après während, sobald, bis, et après les verbes qui signifient *penser, dire, croire, craindre, espérer*.

Que.............. Après un *comparatif*, als : il est plus jeune que moi, er ist jünger als ich.

Que........... .. Pour *lorsque, parce que*, etc. : lorsqu'il vint et *qu*'il nous annonça cette nouvelle, als er kam und (als) er uns diese Nachricht meldete.

Que je suis.. ... *Que tu es!* rendu par le pronom employé devant l'adjectif ou le substantif : malheureux que je suis! ich Unglücklicher!

Quelque......... Dans le sens de *quelconque*, irgend ein : quelque sot! irgend ein Narr!

Quelque... que... So.... auch : *quelque* puissants qu'ils soient, so mächtig sie auch sein mögen.

Qui............... Après un *pronom personnel* : moi, *qui suis* votre meilleur ami, ich, der ich Ihr bester Freund bin.

Qui?............. Wer? se rapportant à un nom de personne, de quelque genre ou de quelque nombre qu'il soit : *qui* sont ces étrangers? wer sind diese Fremden?

Qui que ce soit . *Quel qu'il soit*, wer es auch sei ou sein mag.

A qui............ Avec l'auxiliaire sein se rend par le génitif : à qui est ce livre? wessen Buch ist das?

Quoique (*conj.*)... Obgleich, obschon, wenngleich, suivis de l'*indicatif* : quoiqu'il *soit* malade, obschon er krank ist.

Quoi que......... Was auch : quoi qu'il arrive, was auch geschehe ou geschehen mag.

R

Régimes......... (Place des) dans la *construction* : le régime *indirect* se place avant le régime *direct*, les pronoms personnels particulièrement se traduisent avant les noms.

Remercier....... Danken suivi du *datif* : je *vous* remercie, ich danke Ihnen.

Rencontrer...... Begegnen suivi du *datif* : on ne *le* rencontre pas souvent, man begegnet ihm nicht oft.

Rien............. 1° Sens gén. nichts; 2° signifiant *quelque chose*, etwas sans *rien* dire, ohne etwas zu sagen.

S

Savoir........... 1° Wissen, qui veut zu devant un infinitif : il sait se taire, er weiß zu schweigen; 2° rendu par können : je sais nager, ich kann schwimmen; il sait l'allemand, er kann deutsch.

Servir........... Dienen suivi du *datif :* il sert sa patrie, er dient seinem Vaterlande.

Seul............. 1° Signifiant *unique*, einzig : le seul ami, qui, der einzige Freund, der; 2° pour *seulement*, allein (invariable) : l'ami *seul*, der Freund allein.

Si................ *Conditionnel*, wenn, avec l'*imparfait du subjonctif : si j'avais* de l'argent, wenn ich Geld hätte ou hätte ich Geld.

Si................ 1° Rendu par wenn quand la phrase *commence* par la conjonction *si*, ou bien quand la proposition précédée de *si*, bien que placée dans le corps de la phrase, peut être mise la *première :* je sortirai *si* le temps est beau, ich werde ausgehen, wenn es schön(es) Wetter ist; 2° traduit par ob, quand *si* est *dubitatif*, et que l'*inversion n'est pas possible :* je ne sais s'il fait beau temps, ich weiß nicht, ob es schön(es) Wetter ist.

Si................ Particule *affirmative*, (ja) doch.

Son, sa, ses...... Rendu par sein, quand le *possesseur* est *masculin* ou *neutre*, et par ihr, quand il est *féminin :* ce père aime beaucoup son fils, dieser Vater liebt seinen Sohn sehr; cette mère aime beaucoup son fils, diese Mutter liebt ihren Sohn sehr.

Subjonctif....... (Imparfait du) pour le conditionnel : tu *serais* malheureux, du wärest unglücklich. Il s'emploie surtout avec les auxiliaires de mode : tu *aurais* pu travailler, du hättest arbeiten können, et non du würdest haben arbeiten können.

Subjonctif....... (Imparfait ou plus-que-parfait du) après *si* exprimant un *désir*, un *doute*, une *condition :* si tu n'*étais* pas si paresseux, wenn du nicht so träge wärest.

Subjonctif....... *Présent* employé à la place de l'*imparfait de l'indicatif* français, quand il y a *doute*, ou quand on rapporte au *style indirect* les *paroles* ou l'*opinion* de quelqu'un : il m'a dit que ton frère *était* malade, er hat mir gesagt, dein Bruder sei krank.

Substantifs...... (Leur déclinaison).

I. Les *noms masculins* prennent généralement au singulier (e)s au *génitif*, quelquefois e au *datif;* au *pluriel* e à tous les cas, en ajoutant un n au datif et en *adoucissant* les voyelles fortes a, o, u : der Sohn, le fils; gén. sing. des Sohnes*;* plur. die Söhne, datif plur. den Söhnen.

1re *Exception.* Les noms suivants : Geist, esprit; Gott, Dieu; Leib, corps; Mann, homme; Rand, bord; Wald, forêt; Wurm, ver; Irrthum, erreur; Reichthum, richesse, prennent er au pluriel avec l'adoucissement.

Substantifs (suite) 2e *Exception.* La plupart des noms d'*origine étrangère* et les *noms d'êtres vivants* terminés par e prennent en à tous les cas du singulier et du pluriel : der Knabe, le garçon; gén. sing. des Knaben; plur. die Knaben.

II. Les *noms neutres* prennent au *singulier* (e)s au *génitif*, quelquefois e au *datif;* au *pluriel*, les uns prennent e, les autres er en ajoutant un n au datif et en adoucissant les *voyelles fortes.* Les neutres qui prennent er au pluriel sont : 1° en général les *monosyllabiques :* das Dorf, le village; gén. sing. des Dorfes; plur. die Dörfer; 2° les noms terminés en thum : das Kaiserthum, l'empire; plur. die Kaiserthümer.

Remarque. Les noms *masculins* et *neutres* terminés en el, en, er, et les *diminutifs* en lein, restent invariables au pluriel, le datif excepté, qui prend n; ex. : der Himmel, le ciel; plur. die Himmel.

III. Les *noms féminins* restent toujours *invariables au singulier* et prennent en général en à tous les cas du pluriel : die Stunde, l'heure; plur. die Stunden.

Exception : les noms féminins *monosyllabiques* ayant une *voyelle forte* au radical, et *terminés par une consonne*, prennent e au pluriel en adoucissant les voyelles fortes : die Stadt, la ville; plur. die Städte.

Suivre.......... Folgen suivi du *datif :* suis-moi, folge mir.

Superlatif absolu. *Très* rendu par sehr ou höchst : très agréable, sehr ou höchst angenehm.

Superlatif adverbial.......... 1° Am höchsten, le plus haut; 2° auf's höchste, au plus haut (point).

Sur.......... 1° Sens gén. auf : *sur* terre, auf Erden; 2° (*au-dessus de*), über : (un pont) *sur*, über; 3° (*auprès de*) an : Francfort *sur* le Main, Frankfurt am Main; 4° bei : je n'ai pas d'argent *sur* moi, ich habe kein Geld bei mir.

Survivre à...... Ueberleben suivi de l'*accusatif.*

T

Tantôt.......... Répété : *tantôt* celui-ci, *tantôt* celui-là, bald dieser, bald jener.

Tel.......... 1° Sens gén. solcher; 2° (*un pareil*) solch' ein, so ein; 3° (*maint*) mancher.

Temps.......... (Noms de) 1° *déterminé* se rendent par l'*accusatif absolu :* lundi prochain, nächsten Montag; 2° *indéterminé*, traduit par le *génitif :* le lundi, Montags; le soir, Abends.

Tout.......... 1° Sens gén. aller : *tous* (les) hommes, alle Menschen; *tout* mon argent, all mein Geld; 2° (*entier*) ganz : *toute* l'humanité, die ganze Menschheit; *toute* l'Europe, ganz Europa; 3° (*chaque*)

Tout (suite)...... jeder : *tout* homme est mortel, jeder Mensch ist sterblich ; 4° (*assemblage*) : toutes les œuvres de Schiller, Schillers sämmtliche Werke.

Trop............ 1° *Une grande quantité*, zu viel, devant un *substantif* ou *sans complément : trop* d'argent, zu viel Geld ; 2° zu devant les adjectifs et adverbes : il est *trop* petit, er ist zu klein ; 3° (*à un haut degré*) zu sehr : il le vante *trop*, er preist ihn zu sehr.

V

Venir de......... Indiquant un *passé très rapproché*, se traduit par (so) eben : il vient de sortir, er ist so eben ausgegangen.

Verbes........... Qui veulent zu devant l'*infinitif*. Voy. *De*.

Verbes........... Qui rejette zu devant l'*infinitif*. Voy. *A*.

Verbes........... *Transitifs* en français et qui ont un régime direct, traduits en allemand par des verbes *neutres* gouvernant le datif : danken, remercier ; dienen, servir ; drohen, menacer ; folgen, suivre ; glauben, croire ; helfen, servir ; leuchten, éclairer ; nahen, s'approcher de ; schmeicheln, flatter ; trotzen, braver ; begegnen, rencontrer ; zuhören, écouter ; widersprechen, contredire.

Verbes........... *Intransitifs* en français, rendus en allemand par des verbes qui veulent l'*accusatif* : lehren, enseigner ; fragen, demander ; überleben, survivre à ; heißen, ordonner ; laßen, faire (avec un infinitif) ; ändern et wechseln, changer de ; brauchen, user de ; mißbrauchen, abuser de ; entbehren, se passer de ; genießen, jouir de ; sprechen, entretenir ; ersetzen, suppléer à.

Vous............ 1° Employé par *politesse* pour parler à une seule personne, Sie : comment *vous* portez-vous ? wie befinden Sie sich ? 2° dans les maximes, s'adressant aux hommes en général, Ihr : aimez ceux qui *vous* aiment, liebet die euch lieben ; 3° *sens indéterminé*, Einer : pareille chose *vous* offense, so etwas muß Einen beleidigen.

Y

Y.............. 1° (*Ici, là*) *sans mouvement :* da, dort, hier ; darin (endroit clos) ; *avec mouvement :* hin, dahin ; darein, hinein (endroit clos) : il *y* est, er ist da ; il *y* alla, er ging hin (hinein) ; 2° *complément* d'un *verbe* (à cela) se traduit par la *préposition* que veut après lui ce verbe, combinée avec da (daran, darauf, danach, etc. : je n'*y* ai pas pensé, ich habe nicht daran gedacht ; je m'*y* attends, ich bin darauf gefaßt ; je m'*y* conforme, ich richte mich danach.

TRAITÉ PRATIQUE
DE LA FORMATION DES MOTS
ET DES VERBES IRRÉGULIERS.

PREMIÈRE PARTIE.

FORMATION DES MOTS.

(Wortbildung.)

§ 1er. *Introduction.*

La langue allemande est une *langue primitive*, qui remonte directement, avec le grec et le latin, à l'antique idiome des races âryennes. Comme le grec, elle a la faculté de combiner en un seul mot plusieurs idées et de créer des mots répondant à des idées nouvelles, et elle renferme ainsi en elle-même tous les éléments nécessaires à son existence et à son développement. C'est là ce qui distingue la langue allemande des langues qui ont pour origine le latin, qui ne peuvent puiser dans leur propre fonds, et qu'on appelle *langues dérivées*. « Les nations d'origine latine, » dit Mme de Staël, dans son livre *De l'Allemagne*, « ne s'enrichissent que par l'extérieur : elles doivent avoir recours aux langues mortes, aux richesses pétrifiées pour étendre leur empire. Les dialectes germaniques ont, au contraire, pour origine une langue mère, dans laquelle ils puisent sans cesse. C'est une tige toute vivante, dont ils font sortir les rejetons. » Ces rejetons, en se développant, donnent naissance à une multitude de branches, d'où surgit une quantité infinie de rameaux.

Substituons à ces images les termes grammaticaux ; les *mots primitifs* figureront les racines de ces espèces d'arbres généalogiques de la langue allemande, de même que les *mots radicaux* en seront les tiges, et les *mots dérivés* et *composés* les branches et les rameaux.

Les *verbes primitifs*, dont un grand nombre se sont perdus ou altérés, peuvent être considérés à juste titre comme le fond de la langue allemande.

En faisant subir certaines modifications soit à leurs voyelles, soit à leurs consonnes, on en tire des *racines dérivées* ou *mots radicaux*. Exemples :

fahr(en), *aller (en voiture)*	Fahrt, *voyage*. Fähre, *bac*. Fährte, *piste*.	führen, *conduire*. Fuhre, *voiture*. Furt, *gué*.
binden, *lier*	Band, *lien*. Bund, *alliance*.	Binde, *bandeau*. Binse, *jonc*.

Remarque. — On regarde encore comme de véritables racines certains mots monosyllabiques dont le radical verbal a disparu, comme : Mann et Mensch, *homme*. Racine sanscrite *man*, *penser* (*mens*).

MOTS RADICAUX.

(Stammwörter.)

§ 2. *Substantifs radicaux.*

La plupart des *substantifs radicaux* se forment des verbes primitifs en modifiant la voyelle radicale de l'infinitif ou de l'imparfait ; un certain nombre prennent en outre une des terminaisons e, d, t, te, st. Ces derniers sont en général *féminins*, les autres *masculins*.

Souvent ces deux sortes de noms radicaux sont formés par la même racine. Exemples :

	Féminins.	Masculins.
schlagen, *battre*.	Schlacht, *bataille*.	Schlag, *coup*.
sprechen, *parler*.	Sprache, *langue*.	Spruch, *maxime*.
binden, *lier*.	Binde, *bandeau*. Binse, *jonc*.	Bund, *alliance*.
klingen, *sonner*.	Klinge, *lame*.	Klang, *son*.
schwingen, *brandir*.	Schwinge, *van*, *aile*.	Schwung, *élan*.
reißen, *déchirer*.	Ritze, *fente*.	Riß, *déchirure*.
schneiden, *couper*.	Schneide, *tranchant*. Schnitte, *tranche*.	Schnitt, *coupure*.
gießen, *verser*.	Gosse, *rigole*.	Guß, *fonte*.
fliehen, *fuir*.	Flucht, *fuite*.	Floh, *puce*.
hauen, *frapper*.	Haue, *pioche*.	Hieb, *coup*.
streichen, *frotter*.	Streiche, *herse*.	Strich, *trait*.

Remarque. Un certain nombre de noms radicaux neutres se forment directement de l'infinitif des verbes. Exemples :

treffen, *atteindre*. — Treffen, *combat*.
essen, *manger*. — Essen, *repas*.
lesen, *lire*. — Lesen, *lecture*.
schweigen, *se taire*. — Schweigen, *silence*.
leiden, *souffrir*. — Leiden, *souffrance*.

§ 3. *Verbes radicaux.*

Les *verbes radicaux* se forment des racines :

1° A l'aide du changement de la voyelle, soit par l'*inflexion*[1] ou adoucissement des voyelles fortes a, o, u, soit par la *déflexion*. Exemples :

hangen, *être pendu*. — hängen, *suspendre*.
fallen, *tomber*. — fällen, *abattre*.
fahren (fuhr, imparf.), *aller en voiture*. — führen, *conduire*.
trinken (trank, imparf.), *boire*. — tränken, *abreuver*.
liegen, *être couché, situé*. — legen, *poser*.
sitzen, *être assis*. — setzen, *asseoir, placer*.
sinken, *couler à fond*. — senken, *abaisser*.

2° Par la modification de la consonne radicale. Exemples :

schlagen, *battre*. — schlachten, *assommer*.
stehen, *être debout*. — stellen, *placer*.
stechen, *piquer*. — stecken, *ficher*.
reißen, *rompre*. — reizen, *exciter*.

3° Par la modification de la voyelle et de la consonne radicales. Exemples :

kneipen, *pincer*. — knüpfen, *nouer*.
schneiden, *couper*. — schnitzen, *découper*.
hangen, *être pendu*. — henken, *pendre*.
biegen, *plier*. — sich bücken, *s'incliner*.

Remarque. — Tous ces verbes radicaux deviennent actifs et suivent la conjugaison faible.

1. L'inflexion est très fréquente en allemand : elle est employée au pluriel de beaucoup de substantifs, dans les diminutifs, les comparatifs et superlatifs des adjectifs radicaux et à certains temps des verbes forts.

MOTS DÉRIVÉS.

(Abgeleitete Wörter.)

§ 4. *Emploi des suffixes et des préfixes.*

Des racines et des radicaux on forme de nouveaux mots avec le secours des *suffixes* ou *arrière-syllabes* (Nachsilben) et des *préfixes* ou *avant-syllabes* (Vorsilben). On les appelle *mots dérivés.*

§ 5. *Substantifs dérivés formés de suffixes.*

Les suffixes servant à former les substantifs dérivés sont : er, in, chen, lein, ling, e, heit, keit, ung, schaft, thum, ei, niß, sal et sel. Les cinq premiers forment des noms *concrets,* les autres généralement des noms *abstraits.*

§ 6. er.

er forme des noms masculins d'*agent* ou de *nationalité,* issus de verbes et de substantifs. Exemples :

spielen, *jouer.*	Spieler, *joueur.*
fischen, *pêcher.*	Fischer, *pêcheur.*
Paris, *Paris.*	Pariser, *Parisien.*
England, *Angleterre.*	Engländer, *Anglais.*

Exercices. — Former des substantifs dérivés en er avec les radicaux suivants:

Schloß, *serrure;* — Wagen, *voiture;* — schiffen, *naviguer;* — malen, *peindre;* — weben, *tisser;* — schneiden, *tailler;* — Mord, *meurtre;* — Burg, *château;* — jagen, *chasser;* — rauben, *ravir;* — schlafen, *dormir;* — Rom, *Rome;* — Schule, *école;* — Garten, *jardin;* — backen, *cuire;* — reiten, *aller à cheval;* — lesen, *lire;* — Schweiz, *Suisse;* — Schaf, *brebis.*

§ 7. in (inn [en] au pluriel).

Cette désinence féminine s'ajoute aux noms d'*agent* ou de *nationalité* masculins. Exemples :

Graf, *comte.*	Gräfin, *comtesse.*
Pariser, *Parisien.*	Pariserin, *Parisienne.*

Exercices. — Former les substantifs féminins correspondant aux noms masculins suivants :

Kaiser, *empereur*; — Gemahl, *époux*; — Bäcker, *boulanger*; — Römer, *Romain*, — König, *roi*; — Freund, *ami*; — Löwe, *lion*; — Sänger, *chanteur*; — Fürst, *prince*; — Schüler, *élève*; — Wolf, *loup*; — Hirt, *berger*.

§ 8. chen et lein.

Ces deux suffixes forment des *diminutifs neutres*. Exemples :

Garten, *jardin*.	Gärtchen, *petit jardin* (*jardinet*).
Bach, *ruisseau*.	Bächlein, *petit ruisseau*.

Exercices. — Trouver les diminutifs des substantifs suivants : Haus, *maison*; — Frau, *femme*; — Glas, *verre*; — Rippe, *côte*; — Glocke, *cloche*; — Stab, *bâton*; — Gasse, *rue*; — Flasche, *bouteille*.

§ 9. ling, ing.

ling et ing forment avec des adjectifs et des substantifs des noms masculins concrets marquant *dérivation, sujétion*. Exemples :

Jung, *jeune*.	Jüngling, *jeune homme*.
Hof, *cour*.	Höfling, *courtisan*.

Exercices. — Former des substantifs dérivés en ling :

Früh, *tôt*; — fremd, *étranger*; — Flucht, *fuite*; — neu, *nouveau*; — lieb, *cher*; — zwei (zwie), *deux*; — Zucht, *discipline*; — Kammer, *chambre*; — weich, *mou*; — zart, *délicat*; — Gunst, *faveur*; — Lehre, *apprentissage*.

§ 10. e, heit, keit.

Ces suffixes forment des noms féminins d'*état*, de *qualité* :
e s'ajoute aux adjectifs simples;
heit aux adjectifs simples et à des substantifs;
keit aux adjectifs dérivés. Exemples :

groß, *grand*.	Größe, *grandeur*.
schön, *beau*.	Schönheit, *beauté*.

fruchtbar, *fertile*. Fruchtbarkeit, *fertilité*.
gefällig, *complaisant*. Gefälligkeit, *complaisance*.

Exercices. — 1° Former des substantifs dérivés en e :

Tief, *profond* ; — stark, *fort* ; — lang, *long* ; — hoch, *élevé* ; — schwer, *lourd* ; — frisch, *frais* ; — scharf, *tranchant* ; — treu, *fidèle* ; — kalt, *froid* ; — gut, *bon* ; — weit, *loin* ; — nah, *proche* ; — dick, *gros* ; — eng, *étroit* ; — warm, *chaud* ; — hart, *dur* ; — breit, *large* ; — schwach, *faible* ; — naß, *humide* ; — hohl, *creux* ; — dürr, *sec*.

2° Former des substantifs dérivés en heit :

Krank, *malade* ; — gesund, *bien portant* ; — Kind, *enfant* ; — Mensch, *homme* ; — wahr, *vrai* ; — faul, *paresseux* ; — Gott, *Dieu* ; — Mann, *homme* (*vir*) ; — klug, *prudent* ; — schlau, *rusé* ; — Thor, *fou* ; — Thier, *animal*.

3° Former des substantifs dérivés en keit :

Sterblich, *mortel* ; — redlich, *probe* ; — höflich, *poli*, — arbeitsam, *laborieux* ; — freundlich, *aimable* ; — dankbar, *reconnaissant* ; — sparsam, *économe* ; — aufmerksam, *attentif* ; — feindlich, *hostile* ; — glückselig, *bienheureux* ; — traurig, *triste*, — furchtbar, *redoutable*.

§ 11. ung.

ung forme des substantifs féminins indiquant *la conséquence de l'action*. Ils viennent surtout des verbes qui commencent par un préfixe, rarement de substantifs. Exemples :

erzählen, *raconter*. Erzählung, *narration*.
hoffen, *espérer*. Hoffnung, *espérance*.
Zeit, *temps*. Zeitung, *journal*.

Exercices. — Former des substantifs dérivés en ung :

Erfinden, *inventer* ; — empfehlen, *recommander* ; — kleiden, *habiller* ; — öffnen, *ouvrir* ; — verachten, *mépriser* ; — bemerken, *noter* ; — handeln, *agir* ; — bilden, *former* ; — beleidigen, *offenser* ; — beschreiben, *décrire* ; — richten, *diriger* ; — erziehen, *élever*.

§ 12. thum et schaft.

thum et schaft s'ajoutent à des substantifs concrets, quelquefois à des adjectifs. Ils expriment en général l'*état*, schaft avec l'idée d'*assemblage*, thum avec celle de *possession* et de *dignité*. Ce dernier suffixe forme des noms neutres, schaft forme des noms féminins. Exemples :

Kaiser, *empereur*. — Kaiserthum, *empire*.
Bürger, *bourgeois*. — Bürgerschaft, *bourgeoisie*.
eigen, *propre*. — { Eigenschaft, *propriété, qualité*. Eigenthum, *propriété, bien*. }

Exercices. — 1° Former des substantifs dérivés en thum :

König, *roi*; — Christ[1], *chrétien*; — Priester, *prêtre*; — Alter, *âge*; — Fürst, *prince*; — Ritter, *chevalier*; — Heide, *païen*; — heilig, *saint*; — Herzog, *duc*; — Papst, *pape*; — Bisch(of), *évêque*; — Jude, *juif*.

2° Former des substantifs dérivés en schaft :

Herr, *maître*; — Erbe, *héritier*; — Land, *pays*; — Ritter, *chevalier*; — gefangen, *captif*; — Gesell, *compagnon*; — Feind, *ennemi*; — Knecht, *esclave*; — Diener, *domestique*; — verwandt, *parent*; — Freund, *ami*; — Nachbar, *voisin*; — Bruder, *frère*; — Mann, *homme*; — gemein, *commun*.

§ 13. ei.

ei forme avec des noms masculins et quelques verbes des noms féminins marquant la *profession*, l'*établissement*, *une habitude* (souvent mauvaise). Exemples :

Bäcker, *boulanger*. — Bäckerei, *boulangerie*.
Brauer, *brasseur*. — Brauerei, *brasserie*.
schmeicheln, *flatter*. — Schmeichelei, *flatterie*.

Exercices. — Former des substantifs dérivés en ei :

Färber, *teinturier*; — Reiter, *cavalier*; — Leser, *lecteur*; — plaudern, *bavarder*; — Gerber, *tanneur*; — Maler, *peintre*; — Tyrann, *tyran*; — betteln, *mendier*; — Buchdrucker, *imprimeur*; — Schäfer, *berger*; — Spieler, *joueur*; — heucheln, *dissimuler*; — Gärtner, *jardinier*; — Prahler, *fanfaron*.

1. On met en entre le radical et le suffixe lorsque le nom est de la déclinaison faible.

§ 14. niß.

Les mots en niß indiquent l'*accomplissement de l'action* et viennent de verbes et d'adjectifs. Ils sont généralement neutres. Exemples :

begraben, *enterrer*.	Begräbniß, *enterrement*.
finster, *obscur*.	Finsterniß, *obscurité*.

Exercices. — Former des substantifs dérivés en niß :

Zeugen, *témoigner*; — betrüben, *affliger*; — geheim, *secret*; — gefangen, *pris*; — hindern, *gêner*; erlauben, *permettre*; — wild, *sauvage*; — gedacht (*part. pass. de* denken, *penser*); — bedürfen, *manquer de*; — kennen, *connaître*; — gleich, *égal*; — besorgen, *avoir soin de*; — bekümmern, *affliger*.

§ 15. sal et sel.

Ces deux suffixes se combinent avec les radicaux des verbes pour former des noms neutres marquant la *possession*, la *plénitude*. Exemples :

schicken, *envoyer*.	Schicksal, *destin*.
rathen, *deviner*.	Räthsel, *énigme*.

Exercices. — 1° Former des substantifs dérivés en sal :

Trüben, *troubler*; — laben, *réconforter*; — scheuen, *s'effaroucher, s'épouvanter*.

2° Former des substantifs dérivés en sel :

Einschieben, *intercaler*; — überbleiben, *rester*; — füllen, *farcir*.

§ 16. *Substantifs formés de préfixes.*

Les principaux préfixes qui servent à former les substantifs dérivés sont : ge, un, miß, ur et erz.

§ 17. ge.

ge joint à des substantifs et à des radicaux verbaux forme en général des noms *collectifs* neutres.

Berg, *montagne*.	Gebirge, *chaîne de montagnes*.
plaudern, *bavarder*.	Geplauder, *bavardage*.

EXERCICES. — Former des noms collectifs :

Holz, *bois;* — Stern, *étoile;* — Feder, *plume;* — murmeln, *murmurer;* — beten, *prier;* — rauschen, *murmurer;* — Wasser, *eau;* — Wetter, *température;* — Feld, *champ;* — schreien, *crier;* — reden, *parler;* — setzen, *poser;* — Wolke, *nuage;* — Flügel, *aile;* — Rippe, *côte;* — bellen, *aboyer;* — brüllen, *hurler;* — hören, *entendre;* — Pack, *paquet.*

§ 18. un, miß.

un et miß expriment le *contraire* du mot simple, ce dernier en mauvaise part. Exemples :

Glück, *bonheur.*	Unglück, *malheur.*
That, *fait.*	Missethat, *méfait.*
Gunst, *faveur, grâce.*	Mißgunst, *défaveur, disgrâce.*

EXERCICES. — 1° Former des substantifs dérivés à l'aide du préfixe un:

Heil, *salut;* — Geduld, *patience;* — Ruhe, *repos;* — Thier, *animal;* — Gehorsam, *obéissance;* — Dank, *remercîment;* — Mensch, *homme;* — Kraut, *herbe;* — Verstand, *raison;* — Recht, *droit;* — Treue, *fidélité;* — Glaube, *foi.*

2° Former des substantifs dérivés à l'aide du préfixe miß:

Jahr, *année;* — Billigung, *approbation;* — Geschick, *sort;* — Verständniß, *entente;* — Vergnügen, *plaisir;* — Ton, *son.*

§ 19. ur.

ur exprime l'*origine*, l'*antiquité*. Exemples :

Sache, *chose.*	Ursache, *cause.*

EXERCICES. — Placer le préfixe ur devant les substantifs suivants :

Geschichte, *histoire;* — Eltern, *parents;* — Wald, *forêt;* — Welt, *monde;* — Enkel, *petit-fils;* — Zeit, *temps;* — Bild, *image;* — Kunde, *connaissance.*

§ 20. erz.

erz (*archi*) marque *primauté* en bonne et en mauvaise part.

Bischof, *évêque.*	Erzbischof, *archevêque.*
Schelm, *fripon.*	Erzschelm, *coquin fieffé.*

Exercices. — Placer le préfixe erz devant les substantifs suivants :

Engel, *ange;* — Feind, *ennemi;* — Herzog, *duc;* — Priester, *prêtre;* — Dieb, *voleur;* — Narr, *fou;* — Lügner, *menteur.*

§ 21. *Adjectifs dérivés.*

Les suffixes servant à former les adjectifs sont : lich, isch, ig, icht, en (ern), bar, sam, haft, los.

§ 22. lich (g)leichen.

1° Ajouté à des substantifs lich marque *ressemblance, manière, aptitude.* Exemples :

Gott, *Dieu.*	göttlich, *divin.*
Vater, *père.*	väterlich, *paternel.*
Kunst, *art.*	künstlich, *artistique.*

2° Il forme des adjectifs *diminutifs.* Exemples :

roth, *rouge.*	röthlich, *rougeâtre.*
schwarz, *noir.*	schwärzlich, *noirâtre.*

3° Il s'ajoute à des verbes transitifs le plus souvent avec une *signification passive.* Exemples :

ertragen, *supporter.*	erträglich, *supportable.*
beschreiben, *décrire.*	unbeschreiblich, *indescriptible.*

Exercices. — 1° Former des adjectifs dérivés en lich :

Bruder, *frère;* — Weib, *femme;* — Mutter, *mère;* — Schrift, *écriture;* — Geist, *esprit;* — Mund, *bouche;* — Ehre, *honneur;* — Kind, *enfant;* — Mann, *homme;* — Freund, *ami;* — Ruhm, *gloire;* — Jahr, *année;* — Glück, *bonheur;* — Sache, *chose;* — König, *roi;* — Mensch, *homme;* — Feind, *ennemi;* — Nord, *nord;* — Wort, *mot;* — Tag, *jour;* — Schande, *honte;* — Ost, *est;* — West, *ouest.*

2° Former des adjectifs diminutifs :

Süß, *doux;* — braun, *brun;* — weich, *mou;* — alt, *âgé;* — gelb, *jaune;* — krank, *malade;* — lang, *long.*

3° Former des adjectifs dérivés en lich avec les verbes suivants :

Glauben, *croire;* — begreifen, *comprendre;* — zerbrechen, *casser;* — empfinden, *sentir;* — schaden, *nuire;* — verdauen, *digérer.*

§ 23. isch.

Le suffixe isch s'ajoute :

1° A des noms de peuples, de villes et à quelques noms de choses; il indique l'*origine*, le *penchant*. Exemples :

Franzose, *Français.*	französisch, *français.*
Rom, *Rome.*	römisch, *romain.*
Himmel, *ciel.*	himmlisch, *céleste.*
Neid, *envie.*	neidisch, *envieux.*

2°[1] A des noms d'hommes, et marque *rapport, infériorité.* Exemples :

Maler, *peintre.*	malerisch, *pittoresque.*
Knecht, *valet.*	knechtisch, *servile.*
Weib, *femme.*	weibisch, *efféminé.*

Exercices. — 1° Former des adjectifs dérivés en isch indiquant l'*origine*, le *penchant :*

Türke, *Turc;* — Köln, *Cologne;* — Hof, *cour;* — Stadt, *ville;* — Grieche, *Grec;* — Protestant, *protestant;* — Spott, *raillerie,* — Mißtrauen, *méfiance;* — Bibel, *Bible;* — Hölle, *enfer;* — Laune, *caprice;* — Aberglaube, *superstition.*

2° Former des adjectifs dérivés en isch marquant le *rapport,* l'*infériorité :*

Redner, *orateur;* — Räuber, *brigand;* — Heuchler, *hypocrite;* — Dichter, *poète;* — Narr, *fou;* — Dieb, *voleur;* — Bauer, *paysan;* — Mörder, *meurtrier;* — Herr, *seigneur;* — Kind, *enfant.*

Remarque. — Les exemples suivants font ressortir la différence des suffixes lich et isch lorsqu'ils s'ajoutent au même radical :

kindlich, *filial.*	kindisch, *puéril.*
weiblich, *féminin.*	weibisch, *efféminé.*
höflich, *poli.*	höfisch, *en courtisan.*
herrlich, *magnifique.*	herrisch, *impérieux.*

1. isch forme aussi des adjectifs de manière avec des noms étrangers et des noms d'auteurs. Exemples : poetisch, historisch, lyrisch, physisch, logisch, kritisch, homerisch, kantisch, etc.

§ 24. ig.

ig (eigen) indique la *possession*; il s'ajoute surtout à des noms abstraits et à quelques noms concrets[1]. Exemples :

Muth, *courage.*	muthig (*ayant du courage*), *courageux.*
Macht, *puissance.*	mächtig, *puissant.*
Wald, *bois.*	waldig, *boisé.*

Exercices. — 1° Former des adjectifs dérivés abstraits en ig :

Fleiß, *ardeur;* — Pracht, *luxe;* — Güte, *bonté;* — Hunger, *faim;* — Geist, *esprit;* — Verstand, *raison;* — Trauer, *tristesse;* — Durst, *soif;* — Kraft, *force;* — Ruhe, *repos;* — Wille, *volonté;* — Schwindel, *vertige;* — Last, *fardeau;* — Zorn, *colère.*

2° Former des adjectifs dérivés concrets en ig :

Luft, *air;* — Wasser, *eau;* — Sand, *sable;* — Holz, *bois;* — Erde, *terre;* — Stein, *pierre.*

§ 25. icht.

icht indique la *ressemblance*. Exemple :

Holz, *bois.*	holzicht, *ligneux.*

Exercices. — Former des adjectifs dérivés en icht :

Kupfer, *cuivre;* — Wolle, *laine;* — Oel, *huile;* — Erde, *terre;* — Stein, *pierre;* — Thor, *insensé;* — Berg, *montagne.*

§ 26. en (ern).

en forme des adjectifs de *matière*. Exemples :

Gold, *or.*	golden, *d'or.*
Eisen, *fer.*	eisern[2], *de fer.*

Exercices. — Former des adjectifs dérivés en en et ern :

Seide, *soie;* — Kupfer, *cuivre;* — Lein, *lin;* — Stahl, *acier;* — Wolle, *laine,* — Silber, *argent;* — Glas, *verre,* — Stein, *pierre;* — Tuch, *drap;* — Leder, *cuir;* — Holz, *bois;* — Wachs, *cire.*

1. ig s'ajoute à quelques autres mots, tels que : mein, *mon;* meinig, *mien;* — heute, *aujourd'hui;* heutig, *actuel;* — beißen, *mordre;* beißig, *mordant;* — dein, *ton;* deinig, *tien;* — ein, *un;* einig, *uni;* — fahen, *prendre;* fähig, *capable*, etc.

2. On ajoute ern, quand le nom de matière est terminé par l, n, s, z.

Remarque. — D'après les exemples précédents comparez :

holzig, ***boisé.***	holzicht, *ligneux.*	hölzern, *de bois.*
steinig, ***pierreux.***	steinicht, *qui tient de la pierre.*	steinern, *de pierre.*
glasig, *qui contient du verre.*	glasicht, *vitreux.*	gläsern, *de verre.*
irdisch, *terrestre.*	erdicht, *terreux.*	irden, *de terre.*
fleischlich, *charnel.*	fleischicht, *charnu.*	fleischern, *de chair.*

§ 27. bar.

bar (ge)bären) s'ajoute à des verbes et à des substantifs et indique *effet, production*. Exemples :

kosten, *coûter.*	kostbar, *précieux.*
Frucht, *fruit.*	fruchtbar, *fertile.*

Exercices. — Former des adjectifs dérivés en bar :

Lesen, *lire;* — brennen, *brûler :* — heilen, *guérir ;* — schiffen, *naviguer;* — Dank, *remercîment;* — Furcht, *crainte;* — essen, *manger ;* — denken, *penser ;* — fühlen, *sentir ;* — fahren, *aller en voiture ;* — Gang, *marche* ; — Wunder, *merveille ;* — trinken, *boire;* — achten, *estimer ;* — hören, *entendre;* — schmelzen, *fondre* ; — Dienst, *service ;* — Schein, *apparence.*

§ 28. sam.

sam marque *disposition* et *inclination*. Il se joint à quelques substantifs et principalement aux verbes. Exemples :

biegen, *plier.*	biegsam, *flexible.*
Arbeit, *travail.*	arbeitsam, *laborieux.*

Exercices. — Former des adjectifs en sam :

Folgen, *obéir ;* — sparen, *épargner ;* — wirken, *opérer ;* — heilen, *guérir;* — rathen, *conseiller;* — sorgen, *prendre soin de,* — wachen, *veiller ;* — bilden, *former;* — dulden, *supporter;* — aufmerken, *faire attention;* — empfinden, *sentir;* — gehorchen, *obéir ;* — Furcht, *crainte;* — Sitte, *mœurs ;* — Friede, *paix;* — Mühe, *peine;* — Gewalt, *violence ;* — Tugend, *vertu.*

§ 29. haft.

haft (haben), *ayant, disposé à*, se rapproche beaucoup de sam et s'ajoute surtout aux substantifs abstraits. Exemples :

Tugend, *vertu.* tugendhaft, *vertueux.*

EXERCICES. — Former des adjectifs dérivés en haft :

Schmerz, *douleur*, — Muster, *modèle* ; — Ernst, *sérieux* ; — Herz, *cœur* ; — Frevel, *crime* ; — Ekel, *dégoût* ; — Mangel, *manque*, — Fehler, *faute* ; — Zweifel, *doute* ; — Scherz, *plaisanterie* ; — Gewissen, *conscience*, — Dauer, *durée.*

Remarque. — haft s'unit aussi à quelques verbes et adjectifs : zagen, *hésiter* ; zaghaft, *peureux* ; — schwatzen, *bavarder* ; schwatzhaft, *bavard* ; — flattern, *voltiger* ; flatterhaft, *volage* ; — wahr, *vrai* ; wahrhaft, *véritable* ; — böse, *méchant* ; boshaft, *malin.*

§ 30. los.

los (lassen) joint aux substantifs forme des adjectifs *privatifs*. Exemples :

Gott, *Dieu.* gottlos, *impie.*

EXERCICES. — Former des adjectifs dérivés privatifs :

Furcht, *crainte* ; — Ehre, *honneur* ; — Schuld, *faute* ; — Hoffnung, *espérance* ; — Heimath, *patrie* ; — Kraft, *force* ; — Frucht, *fruit.*

§ 31. *Verbes dérivés.*

Les verbes dérivés se forment des radicaux au moyen de suffixes et de préfixes.

§ 32. *Verbes dérivés formés de suffixes.*

Les suffixes qui servent à former des verbes dérivés sont : en, eln, ern, chen, igen, iren.

§ 33. en.

en forme avec des substantifs et des adjectifs un grand nombre de verbes dérivés. Exemples :

Kleid, *vêtement.* kleiden, *vêtir.*
warm, *chaud.* wärmen, *chauffer.*

Exercices. — Former des verbes dérivés en en :

Schiff, *vaisseau;* — Bild, *image;* — Donner, *tonnerre;* — Farbe, *couleur;* — schwarz, *noir;* — todt, *mort;* — Zahl, *nombre;* — Ton, *son;* — Segel, *voile;* — Bürste, *brosse;* — glatt, *poli;* — trübe, *sombre;* — Fisch, *poisson;* — Salz, *sel;* — Sturm, *tempête;* — Trommel, *tambour;* — stark, *fort.*

§ 34. eln.

eln forme des verbes *diminutifs.* Exemple :

lachen, *rire.* lächeln, *sourire.*

Exercices. — Former des verbes diminutifs en eln :

Streichen, *frotter;* — klingen, *sonner;* — Gang, *marche;* — tropfen, *dégoutter;* — Witz, *esprit;* — Frost, *gelée, froid;* — spotten, *railler;* — krank, *malade;* — Stich, *piqûre.*

§ 35. ern, chen.

Ces deux suffixes forment des verbes *fréquentatifs.* Exemples :

hören, *entendre.* horchen, *écouter.*
Blatt, *feuille.* blättern, *feuilleter.*

§ 36. igen.

igen s'ajoute à des substantifs et à des adjectifs pour former des verbes *factitifs.* Exemples :

Angst, *peur.* ängstigen, *faire peur.*
satt, *rassasié.* sättigen, *rassasier.*

Exercices. — Former des verbes dérivés factitifs en igen:

Maß, *mesure;* — Ende, *fin;* — Stein, *pierre;* — Kraft, *force;* — Zucht, *châtiment;* — Band, *lien;* — Kreuz, *croix;* — Heil, *salut;* — Sünde, *péché;* — Noth, *nécessité;* — Pein, *souffrance;* — rein, *pur.*

§ 37. iren.

La finale iren est affectée aux noms d'origine étrangère. Exemples :

Studium, *étude.* studiren, *étudier.*
Probe, *épreuve.* probiren, *éprouver.*

Exercices. — Former des verbes dérivés en iren :

Kanone, *canon;* — Triumph, *triomphe;* — Kur, *cure;* — Galopp, *galop;* — Marsch, *marche;* — Interesse, *intérêt.*

§ 38. *Verbes* ***dérivés*** *formés de préfixes.*

Les préfixes qui servent à former des verbes dérivés sont : be, ge, er, ver, zer, ent (emp).

§ 39. be.

be ajoute une idée d'*accomplissement*, d'*achèvement* à certains verbes simples, et forme des verbes actifs avec les verbes neutres et quelques substantifs et adjectifs. Exemples :

schreiben, *écrire.*	beschreiben, *décrire.*
nützen, *être utile.*	benutzen, *utiliser.*
Glück, *bonheur.*	beglücken, *rendre heureux.*
ruhig, *tranquille.*	beruhigen, *tranquilliser.*

Exercices. — Former des verbes dérivés à l'aide du préfixe be :

Singen, *chanter;* — nennen, *nommer;* — halten, *tenir;* — kommen, *venir;* — weinen, *pleurer;* — scheinen, *luire;* — Wirth, *hôte;* — Sorge, *soin;* — frei, *libre;* — sehen, *voir;* — suchen, *chercher;* — merken, *marquer;* — sitzen, *être assis;* — wachen, *veiller;* — steigen, *monter;* — Haupt, *tête;* — Zauber, *charme;* — günstig, *favorable;* — decken, *couvrir;* — schließen, *fermer;* — deuten, *indiquer;* — siegen, *vaincre;* — herrschen, *régner;* — schießen, *tirer;* — Seele, *âme;* — Gabe, *don;* — trüb, *sombre;* — wohnen, *demeurer.*

§ 40. ge.

ge indique une *action concentrée, soutenue.* Exemples :

denken, *penser.*	gedenken, *se ressouvenir.*
frieren, *geler.*	gefrieren, *congeler.*

Exercices. — Former des verbes dérivés à l'aide du préfixe ge :

Brauchen, *avoir besoin de;* — leiten, *guider;* — ziemen, *convenir;* — schweigen, *se taire;* — horchen, *écouter;* — reichen, *s'étendre.*

§ 41. er.

er, comme la particule aus, répond au latin *ex* et marque : 1° l'*origine*, le *commencement* ; 2° le *résultat obtenu*. Exemples :

stehen, *être debout.*	erstehen, *naître.*
zwingen, *forcer.*	erzwingen, *obtenir par la force.*

EXERCICES. — Former des verbes dérivés à l'aide du préfixe er :

Tönen, *sonner* ; — scheinen, *paraître* ; — jagen, *chasser* ; — denken, *penser* ; — schlagen, *battre* ; — wachen, *veiller* ; — blicken, *regarder* ; — lernen, *apprendre* ; — halten, *tenir* ; — stechen, *piquer* ; — ziehen, *tirer* ; — betteln, *mendier* ; — finden, *trouver* ; — schießen, *tirer (avec une arme)*.

§ 42. ver.

ver est le contraire de er ; il exprime la *fin*, la *perte*, l'*éloignement du but* et donne souvent au verbe dérivé auquel il est joint un sens *opposé* à celui du verbe simple. Exemples :

gehen, *aller.*	vergehen, *périr.*
spielen, *jouer.*	verspielen, *perdre.*
führen, *conduire.*	verführen, *séduire.*
achten, *estimer.*	verachten, *mépriser.*

Remarques. — 1° Quelquefois ver répond au latin *per* et au français *par* et signifie *perfection*. Exemples : geben, *donner* ; vergeben, *pardonner* ; — bleiben, *rester* ; verbleiben, *demeurer* (*permanere*).

2° ver ajouté aux adjectifs et à certains substantifs marque *transformation*. Exemples : schöner, *plus beau* ; verschönern, *embellir* ; — Gold, *or* ; vergolden, *dorer* ; — größer, *plus grand* ; vergrößern, *agrandir*.

EXERCICES. — Former des verbes dérivés qui expriment :

1° *La fin* : hungern, *avoir faim* ; — brennen, *brûler* ; — frieren, *avoir froid* ; — bluten, *saigner* ; — blühen, *fleurir* ; — fließen, *couler*.

2° *La perte* : schlafen, *dormir* ; — trinken, *boire* ; — brauchen, *utiliser*.

3° *L'éloignement du but* : salzen, *saler* ; — rathen, *conseiller* ; — legen, *placer* ; — treiben, *pousser* ; — backen, *cuire*.

4° *Le contraire* : bieten, *ordonner* ; — kennen, *connaître* ; — kaufen, *acheter* ; — zeihen, *accuser* ; — wünschen, *souhaiter*.

§ 43. zer.

zer marque *séparation, destruction*. Exemples :

schneiden, *couper*.	zerschneiden, *découper*.
gehen, *aller*.	zergehen, *se fondre*.

Exercices. — Employer zer devant :

Schlagen, *battre ;* — fallen, *tomber ;* — brechen, *rompre ;* — stören, *troubler*, — theilen, *partager ;* — fließen, *couler*.

§ 44. ent.

ent marque *privation, éloignement*. Exemples :

kleiden, *habiller*.	entkleiden, *déshabiller*.
laufen, *courir*.	entlaufen, *s'enfuir*.

Exercices. — Employer ent devant :

Ziehen, *tirer ;* — waffnen, *armer ;* — Haupt, *tête ;* — wenden, *tourner ;* — hüllen, *voiler ;* — Ehre, *honneur ;* — erben, *hériter ;* — muthig, *courageux ;* — Farbe, *couleur ;* — führen, *conduire ;* — zwei, *deux ;* — reißen, *déchirer ;* — kommen, *aller*.

Remarque. — ent se change en emp dans les verbes suivants : empfangen, *recevoir*, de fangen, *prendre ;* — empfehlen, *recommander*, de befehlen, *commander ;* — empfinden, *éprouver*, de finden, *trouver*.

MOTS COMPOSÉS.

(Zusammengesetzte Wörter.)

§ 45. *Substantifs composés.*

Un substantif composé est formé de deux mots dont le premier peut être un adjectif, un verbe, une particule (préposition ou adverbe), ou enfin un autre substantif. Exemples :

Eigenliebe, *amour-propre*, de eigen, *propre*, et de Liebe, *amour*.
Trinkglas, *verre à boire*, de trinken, *boire*, et de Glas, *verre*.
Fortschritt, *progrès*, de fort, *en avant*, et de Schritt, *pas*.

Umweg, *chemin détourné*, de um, *autour*, et de Weg, *chemin*.
Landhaus, *maison de campagne*, de Land, *campagne*, et de Haus, *maison*.

On voit par ces exemples qu'on renverse l'ordre des mots français de manière à placer le déterminant (Bestimmungswort) avant le déterminé (Grundwort).

§ 46. *Substantifs composés de deux noms.*

1° Les substantifs composés les plus nombreux se forment de deux noms, le plus souvent par simple juxtaposition. Exemple :

Feuergewehr, *arme à feu*, de Feuer, *feu*, et de Gewehr, *arme*.

2° Lorsque le premier nom se termine par e on se sert généralement de la lettre euphonique n pour relier les deux termes. Exemple :

Löwenherz, *cœur de lion*, de Löwe, *lion*, et de Herz, *cœur*.

3° Lorsqu'il finit en heit, keit, schaft, ung, thum, ling, on intercale la lettre euphonique s[1]. Exemples :

Freiheitsliebe, *amour de la liberté*, de { Freiheit, *liberté*. Liebe, *amour*. }
Zeitungsschreiber, *journaliste*, de . . { Zeitung, *journal*. Schreiber, *écrivain*. }

Exercices. — 1° Former des noms composés en ajoutant :

Blume, *fleur*, à { Gras, *herbe*. Korn, *blé*. Mai, *mai*. Stern, *étoile*. }

Uhr, *horloge*, à { Sack, *poche*. Kirch(e), *église*. Sand, *sable*. Wasser, *eau*. Wand, *mur*. }

Hund, *chien*, à { Metzger, *boucher*. Jagd, *chasse*. Schäfer, *berger*. See, *mer*. }

Wind, *vent*, à { Ost, *est*. West, *ouest*. Süd, *sud*. Nord, *nord*. See, *mer*. }

1. L'omission ou l'addition de l's change quelquefois le sens du substantif composé. Exemples : Landsmann, *compatriote*; — Landmann, *campagnard*; — Heilsmittel, *moyen de salut*; — Heilmittel, *remède*.

Haus, *maison*, à { Garten, *jardin*. Jäger, *chasseur*. Land, *campagne*. Lust, *plaisance*. Forst, *forêt*.

Mann, *homme*, à { Land, *campagne*. Berg, *montagne*. See, *mer*. Welt, *monde*.

Schirm, *abri*, à { Regen, *pluie*. Feuer, *feu*. Licht, *lumière*. Wind, *vent*.

Hof, *cour*, à { Gast, *hôte*. Kirche, *église*. Bahn, *voie*. Meier, *fermier*.

Tuch, *drap*, à { Hals, *cou*. Tisch, *table*. Bett, *lit*. Hand, *main*.

Baum, *arbre*, à { Birne, *poire*. Pflaume, *prune*. Aprikose, *abricot*. Feige, *figue*.

2° Ajouter :

Ader, *veine*.
Wasser, *eau*.
Stück, *pièce*.
Münze, *monnaie*.
Stein, *pierre*.
Schmied, *forgeron*.
Sand, *sable*.
Blume, *fleur*.
Farbe, *couleur*.
Fisch, *poisson*.
Faden, *fil*.
Papier, *papier*.
Fliege, *mouche*.
Apfel, *pomme*.
Geschirr, *vaisselle*.
Käfer, *scarabée*.
Kupfer, *cuivre*.
} à Gold, *or*.

Fall, *chute*.
Uhr, *horloge*.
Krug, *cruche*.
Eimer, *seau*.
Wage, *balance*.
Sucht, *maladie*.
Stoff, *matière*.
Rad, *roue*.
Karte, *carte*.
Huhn, *poule*.
Blume, *fleur*.
Suppe, *soupe*.
Träger, *porteur*.
Flasche, *bouteille*.
Schlange, *serpent*.
Mann, *homme*.
Leitung, *conduite*.
} à Wasser, *eau*.

Topf, *pot*.
Garten, *jardin*.
Strauß, *bouquet*.
Beet, *parterre*.
Kelch, *calice*.
Korb, *corbeille*.
Knospe, *bouton*.
Monat, *mois*.
Markt, *marché*.
Kohl, *chou*.
Maler, *peintre*.
Kranz, *guirlande*.
Blatt, *feuille*.
} à Blume, *fleur*.

Früchte, *fruits*.
Baum, *arbre*.
Weg, *chemin*.
Maus, *souris*.
Huhn, *poule*.
Herr, *seigneur, chef*.
Messer, *qui mesure*.
Arbeit, *travail*.
Bau, *culture*.
Blume, *fleur*.
Geschütz, *pièce d'artillerie*.
Zug, *marche*.
} à Feld, *campagne*

3° Former des substantifs composés : 1° en réunissant; 2° en renversant l'ordre des termes suivants :

Haus, *maison*, et Vater, *père*.
Brief, *lettre*, et Wechsel, *échange*.
Zucker, *sucre*, et Rohr, *canne*.
Obst, *fruit*, et Kern, *pépin*.
Kuh, *vache*, et Milch, *lait*.
Garten, *jardin*, et Haus, *maison*.
Oel, *huile*, et Baum, *arbre*.
Garten, *jardin*, et Blume, *fleur*.
Baum, *arbre*, et Stamm, *tronc*.
Hut, *chapeau*, et Feder, *plume*.
Uhr, *horloge*, *montre*, et Tasche, *poche*.
Thür, *porte*, et Flügel, *aile*.

4° Unir les deux substantifs suivants :

Zeitung, *journal*, et Blatt, *feuille*.
Freiheit, *liberté*, et Krieg, *guerre*.
Frühling, *printemps*, et Blume, *fleur*.
Freundschaft, *amitié*, et Dienst, *service*.

5° Unir les trois substantifs suivants :

Feld, *champ*, Bau, *culture*, et Kunst, *art*.
Schneider, *tailleur*, Hand, *main*, et Werk, *œuvre*, *ouvrage*.
Abend, *soir*, Mahl, *repas*, et Zeit, *temps*.
Dampf, *vapeur*, Schiff, *vaisseau*, et Fahrt, *voyage*.
Regen, *pluie*, Bogen, *arc*, et Farben, *couleurs*.
Gold, *or*, Berg, *montagne*, et Werk, *ouvrage*.

§ 47. *Adjectifs composés.*

L'adjectif composé est formé de deux adjectifs ou d'un substantif et d'un adjectif. Exemples :

de hell, *clair*, et de grün, *vert*, on forme hellgrün, *vert clair*.
de Himmel, *ciel*, et de blau, *bleu*, on forme himmelblau, *bleu d'azur*.

Exercices. — Former des adjectifs composés à l'aide des termes suivants :

Dunkel, *sombre*, et blau, *bleu*.
Bitter, *amer*, et süß, *doux*.
Neu, *nouveau*, et gierig, *avide*.
Gras, *herbe*, et grün, *vert*.
Kaffee, *café*, et braun, *brun*.
Ei, *œuf*, et rund, *rond*.
Veilchen, *violette*, et blau, *bleu*.
Grün, *vert*, et gelb, *jaune*.
Zweck, *but*, et mäßig, *conforme*.
Blaß, *pâle*, et gelb, *jaune*.
Frei, *libre*, et geboren, *né*.
Hell, *clair*, et grau, *gris*.
Schnee, *neige*, et weiß, *blanc*.
Kohle, *charbon*, et schwarz, *noir*.
Rose, *rose*, et roth, *rouge*.
Gold, *or*, et gelb, *jaune*.
Kegel, *cône*, et rund, *rond*.
Ehre, *honneur*, et würdig, *digne*.

Remarque. — On forme aussi un certain nombre d'adjectifs composés à l'aide d'une particule et d'un adjectif, tels que: freigebig, *généreux* (qui donne librement); — mitschuldig, *complice* (coupable avec); — hinfällig, *caduc* (qui tombe là); — vieredig, *carré* (qui a quatre coins aux angles); — außerordentlich, *extraordinaire;* — übervoll, *trop plein.*

§ 48. *Verbes composés.*

Les verbes composés sont formés au moyen de particules qui sont soit prépositions soit adverbes[1]. Ce sont : ab, an, auf, aus, bei, dar, durch, ein, fort, her, hin, hinter, los, mit, nach, nieder, über, um, unter, voll, vor, wider, wieder et zu.

Quelques-unes de ces particules peuvent se combiner entre elles et entrer également dans la composition des verbes. Exemples :

her=ab, her=auf, her=aus, her=ein, her=unter;
hin=ab, hin=auf, hin=aus, hin=ein, hin=unter ;
vor=an, vor=bei, vor=über, vor=aus, vor=her, etc.

Exercices. — Ajouter à chacune de ces particules composées le verbe gehen :

Herabgehen, *descendre;* — heraufgehen, *monter*, etc.

§ 49. ab.

ab marque *séparation, éloignement, extraction.* Exemples :

schneiden, *couper.*	abschneiden, *trancher.*
reisen, *voyager.*	abreisen, *partir.*
schreiben, *écrire.*	abschreiben, *copier.*

Exercices. — Employer avec la particule ab les verbes suivants :

Brechen, *briser;* — gehen, *aller;* — malen, *peindre;* — halten, *tenir;* — rathen, *conseiller;* — zeichnen, *dessiner;* — schlagen, *battre;* — setzen, *placer;* — bilden, *former.*

1. Très peu de verbes composés sont formés à l'aide d'un adjectif ou d'un substantif tels que : todtschießen, *fusiller* (tuer d'un coup de fusil); — theilnehmen, *prendre part;* — danksagen, *rendre grâces;* — wahrsagen, *présager* (dire vrai); — glückwünschen, *féliciter* (souhaiter le bonheur).

§ 50. an.

an marque *rapprochement, application*. Exemples :

kommen, *venir*.	ankommen, *arriver*.
blicken, *voir*.	anblicken, *regarder*.
fangen, *prendre* (*capio*).	anfangen (*incipio*), *commencer*.

Exercices. — Employer avec la particule an les verbes suivants :

Binden, *lier*; — ziehen, *tirer*; — hören, *entendre*; — nehmen, *prendre*; — reden, *parler*; — schreiben, *écrire*; — stoßen, *pousser*; — greifen, *saisir*; — rechnen, *calculer*.

§ 51. auf.

auf marque *élévation, ouverture*. Exemples :

gehen, *aller*.	aufgehen, *se lever* (le soleil).
machen, *faire*.	aufmachen, *ouvrir*.

Exercices. — Employer avec la particule auf les verbes suivants :

Stehen, *se tenir debout*; — kommen, *venir*; — bauen, *bâtir*; — schließen, *fermer*; — fliegen, *voler*; — setzen, *placer*; — blicken, *regarder*; — graben, *creuser*; — hängen, *pendre*; — ziehen, *tirer*; — richten, *dresser*; — schneiden, *couper*.

§ 52. aus.

aus indique *mouvement du dedans au dehors, achèvement*. Exemples:

gehen, *aller*.	ausgehen, *sortir*.
machen, *faire*.	ausmachen, *terminer*.

Exercices. — Employer avec la particule aus les verbes suivants :

Steigen, *monter*; — nehmen, *prendre*, — trinken, *boire*; — dulden, *souffrir*; — treiben, *pousser*; — brechen, *rompre*; — arbeiten, *travailler*; — blühen, *fleurir*; — sprechen, *parler*; — geben, *donner*; — bilden, *former*; — dienen, *servir*.

§ 53. bei.

bei marque *proximité, assistance*. Exemple :

wohnen, *demeurer*. beiwohnen, *assister* (être présent à).

Exercices. — Employer avec la particule bei les verbes suivants :

Stehen, *être debout ;* — fügen, *joindre ;* — sitzen, *être assis ;* — stimmen, *voter ;* — treten, *marcher ;* — kommen, *venir*.

§ 54. dar (da, *là*).

dar exprime la *manifestation ;* il se joint à quelques verbes seulement. Exemples :

stellen, *placer*. darstellen, *représenter*.
thun, *faire*. darthun, *faire voir*.
legen, *placer*. darlegen, *exposer*.

§ 55. durch.

durch (*per, par*) marque *traversée, accomplissement*. Exemples :

gehen, *aller*. durchgehen, *traverser*.
führen, *conduire*. durchführen, *venir à bout de*.

Exercices. — Employer avec la particule durch les verbes suivants :

Schwimmen, *nager ;* — schießen, *tirer ;* — lesen, *lire ;* — stoßen, *pousser ;* — blicken, *voir ;* — hauen, *couper ;* — denken, *penser ;* — setzen, *placer ;* — lernen, *apprendre ;* — fallen, *tomber*.

§ 56. ein.

ein est opposé à aus. Exemple :

treten, *marcher*. eintreten, *entrer*.

Exercices. — Employer avec la particule ein les verbes suivants :

Sitzen, *être assis;* — fallen, *tomber;* — treiben, *pousser;* — steigen, *monter;* — setzen, *placer;* — führen, *conduire;* — schreiben, *écrire;* — geben, *donner;* — fließen, *couler;* — schließen, *fermer.*

§ 57. fort.

fort (vor) marque *départ, continuation.* Exemples :

gehen, *aller.*	fortgehen, *s'en aller.*
setzen, *placer.*	fortsetzen, *continuer.*

Exercices. — Employer avec la particule fort les verbes suivants :

Führen, *conduire;* — lassen, *laisser;* — schreiben, *écrire;* — lesen, *lire;* — laufen, *courir;* — schiffen, *naviguer;* — dauern, *durer;* — pflanzen, *planter;* — kommen, *venir;* — schleichen, *se glisser;* — fließen, *couler;* — machen, *faire.*

§ 58. her, hin.

her marque *rapprochement de la personne qui parle;* hin le *mouvement contraire.* Exemples :

führen, *conduire.*	herführen, *amener.* hinführen, *emmener.*

Exercices. — 1° Employer avec la particule her les verbes suivants :

Bringen, *porter;* — kommen, *venir;* — leiten, *conduire;* — liefern, *livrer;* — locken, *appeler, attirer;* — rufen, *appeler;* — schaffen, *produire;* — weisen, *montrer;* — ziehen, *tirer.*

2° Employer avec la particule hin les verbes suivants :

Blicken, *regarder;* — fahren, *se mouvoir;* — fallen, *tomber;* — gehen, *aller;* — laufen, *courir;* — raffen, *ravir;* — eilen, *se presser.*

§ 59. hinter.

hinter indique *postérité, détour.* Exemples :

lassen, *laisser.*	hinterlassen, *léguer.*
gehen, *aller.*	hintergehen, *circonvenir, tromper.*

§ 60. los.

los marque *dégagement*. Exemple :

gehen, *aller*.	losgehen, *éclater*.

Exercices. — Employer avec la particule los les verbes suivants :

Lassen, *laisser* ; — kaufen, *acheter* ; — binden, *lier* ; — machen, *faire* ; — sprechen, *parler* ; — reißen, *déchirer* ; — drücken, *presser*.

§ 61. mit.

mit marque *réunion* et *communauté*. Exemples :

gehen, *aller*.	mitgehen, *accompagner*.
empfinden, *ressentir*.	mitempfinden, *sympathiser*.

Exercices. — Employer avec la particule mit les verbes suivants :

Essen, *manger* ; — arbeiten, *travailler* ; — leiden, *souffrir* ; — sprechen, *parler* ; — theilen, *partager* ; — wirken, *opérer*.

§ 62. nach.

nach marque *postérité*, *poursuite*, *imitation*. Exemples :

gehen, *aller*.	nachgehen, *suivre*.
laufen, *courir*.	nachlaufen, *poursuivre*.
bilden, *former*.	nachbilden, *imiter*.

Exercices. — Employer avec la particule nach les verbes suivants :

Stehen, *se tenir debout* ; — jagen, *chasser* ; — machen, *faire* ; — bleiben, *rester* ; — reiten, *aller à cheval* ; — malen, *peindre* ; — folgen, *suivre* ; — schreien, *crier* ; — schreiben, *écrire* ; — denken, *penser*.

§ 63. nieder.

nieder marque *mouvement du haut en bas*, au figuré *abaissement*. Exemples :

fahren, *aller en voiture*.	niederfahren, *descendre*.
setzen, *placer*.	niedersetzen, *déposer*.

Exercices. — Employer avec la particule nieder les verbes suivants :

Schlagen, *frapper;* — drücken, *presser;* — legen, *poser;* — treten, *marcher;* — blicken, *voir;* — werfen, *jeter;* — fallen, *tomber.*

§ 64. über.

über exprime *supériorité* et *transport*. Exemples :

fliegen, *voler.*	überfliegen, *voler par-dessus.*
treten, *marcher.*	übertreten, *franchir*, *transgresser.*

Exercices. — Employer avec la particule über les verbes suivants :

Fließen, *couler;* — führen, *conduire;* — bieten, *offrir;* — setzen, *placer;* — nehmen, *prendre;* — gehen, *aller;* — bringen, *porter;* — treiben, *pousser.*

§ 65. um.

um signifie *autour* et indique *changement de position*, *transformation*. Exemples :

geben, *donner.*	umgeben, *entourer.*
setzen, *placer.*	umsetzen, *transposer.*
bilden, *former.*	umbilden, *transformer.*

Exercices. — Employer avec la particule um les verbes suivants :

Fahren, *aller en voiture;* — sehen, *voir;* — fallen, *tomber;* — stoßen, *pousser;* — arbeiten, *travailler;* — binden, *lier;* — lagern, *camper;* — pflanzen, *planter;* — werfen, *jeter;* — schaffen, *faire;* — fassen, *tenir;* — winden, *tordre;* — wenden, *tourner;* — schreiben, *écrire;* — schmelzen, *fondre.*

§ 66. unter.

unter est opposé à über et marque *infériorité*. Exemple :

werfen, *jeter.*	unterwerfen, *soumettre.*

Exercices. — Employer la particule unter avec les verbes suivants :

Schreiben, *écrire;* — graben, *creuser;* — gehen, *aller;* — legen, *placer;* — stützen, *appuyer;* — liegen, *être couché;* — drücken, *presser.*

§ 67. voll.

voll marque *plénitude, accomplissement.* Exemples :

gießen, *verser.*	vollgießen, *remplir.*
ziehen, *tirer.*	vollziehen, *exécuter.*

EXERCICES. — Employer la particule voll avec les verbes suivants :

Führen, *conduire* ; — bringen, *porter* ; — enden, *finir* ; — strecken, *étendre.*

§ 68. vor.

vor (*præ, pro*) désigne *priorité, avance.* Exemples :

setzen, *placer.*	vorsetzen, *préposer.*
sehen, *voir.*	vorsehen, *prévoir.*

EXERCICES. — Employer avec la particule vor les verbes suivants :

Tragen, *porter;* — schreiten, *marcher;* — schreiben, *écrire;* — stehen, *se tenir debout;* — ziehen, *tirer;* — stellen, *placer.*

§ 69. wider, wieder.

wider marque *opposition* et wieder *répétition.* Exemples :

sich widersetzen, *s'opposer à.*	sich wiedersetzen, *se rasseoir.*

§ 70. zu.

zu marque en général *direction* et de là *augmentation, attribution, fermeture.* Exemples :

tragen, *porter.*	zutragen, *apporter.*
nehmen, *prendre.*	zunehmen, *s'accroître.*
schreiben, *écrire.*	zuschreiben, *attribuer.*
machen, *faire.*	zumachen, *fermer.*

EXERCICES. — Employer avec la particule zu les verbes suivants :

1° Fließen, *couler* ; — lassen, *laisser* ; — laufen, *courir* ; — ziehen, *tirer*.
2° Setzen, *placer* ; — geben, *donner* ; — legen, *poser*.
3° Kommen, *venir* ; — rechnen, *calculer* ; — theilen, *diviser*.
4° Decken, *couvrir* ; — gehen, *aller* ; — halten, *tenir*.

§ 71. zurück.

zurück répond au français *re, ré*. Exemples :

führen, *amener*.	zurückführen, *ramener*.
kommen, *venir*.	zurückkommen, *revenir*.

EXERCICES. — Former des verbes composés avec la particule zurück :

Geben, *donner* ; — gehen, *aller* ; — halten, *tenir* ; — nehmen, *prendre* ; — stoßen, *pousser* ; — werfen, *jeter* ; — ziehen, *tirer*.

NOTA. — Nous nous proposons, dans la deuxième partie, d'appliquer ces règles de dérivation à tous les verbes forts, qui, comme nous l'avons fait remarquer, sont tous des verbes primitifs. Mais, pour ne pas dépasser les limites que nous nous sommes tracées, nous ne mentionnerons que les formes usuelles. Avec une certaine habitude, on parviendra facilement à trouver les termes moins usités. Nous nous contenterons d'indiquer la marche à suivre dans le tableau suivant :

Tableau de récapitulation.

Fahren, *aller en voiture, en bateau, etc.*

FORMES RADICALES.

Fahrt, f., *voyage, trajet.*
Fähre, f., *bac.*
Fährte, f., *piste.*
führen, *conduire.*
Fuhre, f., *voiture.*
Furche, f., *sillon.*
Furt, f., *gué.*

FORMES DÉRIVÉES.

fahrbar, ***navigable; carrossable.***
Gefahr, f., *danger.*
gefährlich, *dangereux.*
Gefährte, m., *compagnon.*
befahren, *fréquenter une route.*
entfahren, *échapper (une parole).*
erfahren, *apprendre par l'expérience.*
Erfahrung, f., *expérience.*
verfahren, *procéder.*
zerfahren, ***écraser*** *(sous une voiture).*
erfahren, ***apprendre*** *(une nouvelle) ou* ***par*** *l'expérience.*
Erfahrung, f., *expérience.*
verfahren, *procéder.*
zerfahren, *écraser (sous une voiture).*
furtbar, *guéable.*

FORMES COMPOSÉES.

abfahren, *partir.*
anfahren, *aborder, brusquer.*
auffahren, *monter, s'ouvrir violemment, s'emporter.*
ausfahren, *sortir (du port, en voiture).*
durchfahren *traverser.*
einfahren, *entrer.*
fortfahren, *s'éloigner, continuer.*
herfahren, *arriver.*
losfahren, *éclater.*
nachfahren, *suivre.*
niederfahren, *renverser; descendre (en voiture).*
überfahren, *passer (un fleuve); passer sur.*
umfahren, *faire un détour; renverser.*
vorfahren, *devancer; avancer (la voiture).*
vorbeifahren, *passer.*
wegfahren, *partir.*
widerfahren, [illegible] *(un malheur).*
zufahren, *s'élancer; aller (bon train).*
zurückfahren, *revenir.*
zusammenfahren, *aller ensemble (en voiture); tressaillir.*

Abfahrt, f., *départ.*
Auffahrt, f., *montée.*
Ueberfahrt, f., *passage, trajet.*
Umfahrt, f., *détour.*
Fahrzeug, n., *voiture; navire.*
fahrlässig, *négligent.*
Fahrlässigkeit, f., *négligence.*
Fährmann, m., *batelier.*
Ungefähr, n., *hasard.*
ungefähr, *à peu près.*
Vorfahr, m., *aïeul.*
unerfahren, *inexpérimenté.*
Reisegefährte, m., *compagnon de voyage.*
Schifffahrt, f., *navigation.*
Fuhrmann, m., *voiturier.*
Fuhrknecht, m., *charretier.*
Fuhrlohn, m., *frais de roulage.*
Fuhrwerk, n., *véhicule.*
Fahrgast, m., *voyageur (d'omnibus).*
Wallfahrt, f., *pèlerinage.*
Reiseführer, m., *guide.*
Zugführer, m., *chef de train.*
Anführer, m., *chef, général.*
Ausfuhr, f., *exportation.*
Einfuhr, f., *importation.*

Remarque. — Toutes les particules employées dans ce tableau peuvent se joindre de la même manière à la plupart des verbes qui expriment un mouvement, tels que : führen, *conduire;* — reiten, *aller à cheval;* — kommen, *venir;* — tragen, *porter;* — treten, schreiten, *marcher;* — ziehen, *tirer;* — laufen, *courir;* — lassen, *laisser;* — springen, *sauter;* — gehen, *aller;* — stoßen, *pousser*, etc.

DEUXIÈME PARTIE.

CONJUGAISON DES VERBES FORTS OU IRRÉGULIERS

AVEC LEURS PRINCIPAUX DÉRIVÉS ET COMPOSÉS.

§ 72. *Distinction des verbes forts et des verbes faibles.*

La conjugaison forte ou irrégulière est la conjugaison spéciale des verbes primitifs.

Les verbes radicaux et les verbes dérivés formés à l'aide d'un *suffixe* suivent tous la conjugaison faible.

Les verbes forts se distinguent des verbes faibles aux deux temps principaux, qui sont le *participe passé* et l'*imparfait de l'indicatif*.

Le participe passé a la même terminaison (en) que l'infinitif.

L'imparfait de l'indicatif n'a aucune terminaison ; ce qui le distingue, ainsi que le participe, c'est la modification de la voyelle radicale. Exemples :

	Infinitif présent.	Participe passé.	Imparfait de l'indicatif.
Verbe fort ou primitif.	ſprechen, *parler*.	geſprochen,	ich ſprach.
Verbe faible ou radical.	führen, *conduire*.	geführt,	ich führte.

L'imparfait du subjonctif se forme de celui de l'indicatif en y ajoutant la lettre e et en adoucissant les voyelles fortes a, o, u. Exemple :

ſprechen, ich ſprach, ich ſpräche.

§ 73. *Classification des verbes forts.*

Les verbes forts peuvent se diviser en cinq classes, dont les quatre premières se subdivisent chacune en deux catégories.

Cette classification repose sur la voyelle radicale de l'infinitif présent.

1re Classe.	2e Classe.	3e Classe.	4e Classe.	5e Classe.
a,	e,	i,	ei,	ie, ä, ö, ü, au.
tragen,	ſprechen,	finden,	ſchreiben,	biegen.
porter,	*parler*,	*trouver*,	*écrire*,	*courber*.

Remarque. — Une douzaine de verbes sont *semi-réguliers*. On les appelle ainsi parce que tout en modifiant leur voyelle radicale aux temps principaux, ils ont maintenu la terminaison t au participe passé et te à l'imparfait. Exemple : brennen, *brûler*, gebrannt, ich brannte.

§ 74. *Tableau général des verbes irréguliers*

TEMPS.	PREMIÈRE CLASSE. a,		DEUXIÈME CLASSE. e,	
	1re CATÉGORIE.	2e CATÉGORIE.	1re CATÉGORIE.	2e CATÉGORIE.
INFINITIF PRÉSENT.	tragen, *porter.*	laſſen. *laisser.*	ſprechen. *parler.*	ſehen. *voir.*
PARTICIPE PASSÉ.	a, getragen.	a, gelaſſen.	o, geſprochen.	e, geſehen.
IMPARFAIT DE L'INDICATIF.	u, ich trug.	ie, ich ließ.	a, ich ſprach.	a, ich ſah.

Première classe. — *Remarque.* — A la 2e et à la 3e personne du singulier de l'indicatif présent on adoucit la voyelle radicale.

Exemples :

Indicatif présent.

ich trage,
du trägſt,
er trägt.

Deuxième classe. — *Remarque.* — A la 2e et à la 3e personne du singulier de l'indicatif présent on change la voyelle e en i(ie), ainsi qu'à la 2e personne du singulier de l'impératif qui perd son e final.

Exemples :

Indicatif présent.

ich ſpreche,	ich ſehe,
du ſprichſt,	du ſiehſt,
er ſpricht,	er ſieht.

Impératif.

ſprich,	ſieh.

Remarque I. — Ce tableau permet de résumer rapidement les modifications des voyelles. Ainsi on remarquera que dans la 1re classe la voyelle ne varie jamais au participe passé; dans la 2e et la 3e l'imparfait est toujours en a ; dans la 4e le participe et l'imparfait sont en i et ie; dans la 5e ces deux temps sont en o.

ou verbes forts.

TROISIÈME CLASSE. i,		QUATRIÈME CLASSE. ei,		CINQUIÈME CLASSE. ie, ä, ö, ü, au.
1re CATÉGORIE.	2e CATÉGORIE.	1re CATÉGORIE.	2e CATÉGORIE.	
finden. *trouver.*	schwimmen. *nager.*	reiten. *aller à cheval.*	schreiben. *écrire.*	biegen. *plier.* lügen. *mentir.*
u, gefunden.	o, geschwommen.	i, geritten.	ie, geschrieben.	o, gebogen, *plié.* gelogen. *menti.*
a, ich fand.	a, ich schwamm.	i, ich ritt.	ie, ich schrieb.	o, ich bog, log. *je pliais, mentais.*
				Remarque. — Une dizaine de verbes ayant e au radical, prennent o au participe et à l'imparfait. Exemple : heben, *lever.* gehoben. ich hob.

Remarque II. — Nous rattacherons à la 1re classe (2e catégorie) les verbes hauen, *frapper*, laufen, *courir*, rufen, *appeler*, stoßen, *pousser*, et heißen, *s'appeler*, qui maintiennent leur radical au participe passé et le changent à l'imparfait en ie; nous ajouterons également à la 2e classe (2e catégorie) les verbes suivants : bitten, *prier*, sitzen, *être assis*, liegen, *être couché*, qui changent leur radical au participe en e et à l'imparfait en a.

§ 75. *Première Classe (1re Catégorie).*

INFINITIF.	INDICATIF PRÉSENT.	PARTICIPE PASSÉ.	IMPARFAIT DE L'INDICATIF.	IMPARFAIT DU SUBJONCTIF.
backen. *cuire au four.*	du bäckst, er backt.	gebacken.	buk. backte.	büke.
fahren, *aller en voiture, en bateau.*	du fährst, er fährt.	gefahren.	fuhr.	führe.
graben. *creuser.*	du gräbst, er gräbt.	gegraben.	grub.	grübe.
laden. *charger.*	régulier.	geladen.	lud.	lüde.
schaffen. *créer.* régulier dans le sens de *travailler.*	régulier.	geschaffen.	schuf.	schüfe.
schlagen. *battre.*	du schlägst, er schlägt.	geschlagen.	schlug.	schlüge.
tragen. *porter.*	du trägst, er trägt.	getragen.	trug.	trüge.
wachsen, *croître.*	du wächsest, er wächst.	gewachsen.	wuchs.	wüchse.
waschen, *laver.*	du wäschest, er wäscht.	gewaschen.	wusch.	wüsche.

Radical a. *Imparfait* u.

RADICAUX ET DÉRIVÉS.	FORMES COMPOSÉES.
Bäcker, m., *boulanger.* Bäckerei, f., *boulangerie.* (*Voir plus haut, page* 30.)	Backofen, m., *four.* Zwieback, m., *biscuit.* Backstein, m., *brique.* Backwerk, n., *pâtisserie.*
Grab, n., Gruft, f., *tombe.* Graben, m., *fossé.* Grube, f., *fosse.* begraben, *enterrer.* vergraben, *enfouir.* Begräbniß, n., *funérailles.*	ein-graben, *enfouir, graver.* um-graben, *remuer* (*terre*). aus-graben, *déterrer.* Grabmal, n., *mausolée.* Grabschrift, f., *épitaphe.*
Last, f., *fardeau.* — lasten, *peser.* Lade, f., *caisse.* Laden, m., *volet; boutique.* Ladung, f., *chargement; charge* (*milit.*). lästig, *à charge.* — belästigen, *importuner.* Geschäft, n., *affaire.* erschaffen, *créer.* verschaffen (régul.), *procurer.* Beschaffenheit, f., *qualité, propriété.* beschäftigen, *occuper.*	ab-, aus-laden, *décharger.* ein-laden, *inviter.* Ladestock, m., *baguette de fusil.* Lastträger, m., *portefaix.* Lastthier, n., *bête de somme.* ab-schaffen (régul.), *abolir.* an-schaffen (régul.), *procurer.* um-schaffen, *transformer.* fort-schaffen (régul.), *transporter.*
Schlag, m., *coup.* Schlacht, f., *bataille.* schlachten, *abattre, égorger.* beschlagen, *ferrer.* erschlagen, *assommer.* berathschlagen (régul.), *délibérer.* Schlägel, m., *maillet.* Schlächter, m., *boucher.*	ab-schlagen, *abattre; baisser* (*prix*). auf-schlagen, *ouvrir de force; hausser.* Vorschlag, m., *proposition.* ein-schlagen, *enfoncer; prendre* (*un chemin*). nieder-schlagen, *abattre, décourager.* zurück-schlagen, *repousser* (*l'ennemi*). Schlachthaus, n., *abattoir.* Schlachtfeld, n., *champ de bataille.*
Tracht, f., *costume.* trachten, *aspirer à.* tragbar, *portatif.* sich betragen, *se conduire.* ertragen, *supporter.* Betrag, m., *total.* — Vertrag, m., *traité.* Betracht, m., *considération, rapport.* betrachten, *considérer.* Betrachtung, f., *considération*, f.	an-, vor-tragen, *proposer.* auf-tragen, *servir à table.* bei-tragen, *contribuer.* fort-tragen, *emporter.* ein-tragen, *produire.* beauftragen (régul.), *charger de.* sich zu-tragen, *arriver, se passer.* Hosenträger, m., Tragband, n., *bretelle.* Tragbahre, f., *civière.* Briefträger, m., *facteur.*
Wuchs, m., *croissance; taille.* Gewächs, n., *végétal.*	auf-wachsen, *croître, grandir.*
Wäsche, f., *linge.* — Wisch, m., *torchon.* wischen, *frotter, essuyer.* Wäscherin, f., *blanchisseuse.*	aus-wischen, *effacer.* Waschtisch, m., *table de toilette.* Waschbecken, n., *cuvette.*

§ 76. *Première Classe* (2ᵉ *Catégorie*)

INFINITIF.	INDICATIF PRÉSENT.	PARTICIPE PASSÉ.	IMPARFAIT DE L'INDICATIF.	IMPARFAIT DU SUBJONCTIF.
blasen. *souffler.*	du bläsest, er bläst.	geblasen.	blies.	bliese.
braten. *rôtir,* régulier comme verbe actif à l'indic. prés. et à l'imparf.	du brätst, er brät.	gebraten.	briet.	briete.
fallen. *tomber.*	du fällst, er fällt.	gefallen.	fiel.	fiele.
fangen. *prendre, attraper.*	du fängst, er fängt.	gefangen.	fing.	finge.
halten. *tenir.*	du hältst, er hält.	gehalten.	hielt.	hielte.
hangen. *pendre.* (neutre).	du hängst, er hängt.	gehangen.	hing.	hinge.
lassen. *laisser.*	du lässest, er läßt.	gelassen.	ließ.	ließe.
rathen. *conseiller.*	du räthst, er räth.	gerathen.	rieth.	riethe.
schlafen. *dormir.*	du schläfst, er schläft.	geschlafen.	schlief.	schliefe.

Radical a. *Imparfait* ie.

RADICAUX ET DÉRIVÉS.	FORMES COMPOSÉES.
Blase, f., *vessie, bulle.*	auf-blasen, *enfler.* ein-blasen, *souffler, suggérer.* Blasebalg, m., *soufflet.*
Braten, m., *rôti.* Brut, f., *couvée.*	Bratspieß, m., *broche.* Bratpfanne, f., *poêle a frire.*
fällen, *abattre (un arbre).* Fall, m., *cas; chute.* Falle, f., *piège.* gefallen, *plaire.* — gefällig, *agréable.* mißfallen, *déplaire.* verfallen, *tomber en ruines* Gefälligkeit, f., *complaisance.* gefälligst, *s'il vous plaît.* zerfallen, *tomber en morceaux; se subdiviser.*	an-fallen, *attaquer.* ein-fallen, *s'écrouler; venir à l'esprit.* über-fallen, *surprendre.* um-fallen, *tomber (à la renverse).* vor-fallen, *arriver.* — Vorfall, m., *accident.* zu-fallen, *échoir.* — Zufall, m., *hasard.* Einfall, m., *idée.* Beifall, m., *approbation, suffrage.* Fallbrücke, f., *pont-levis.* durch-fallen, *tomber au travers de; échouer*
Fang, m., *prise.* Gefängniß, n., *prison.* Gefangenschaft, f., *captivité.* empfangen, *recevoir.*	an-fangen, *commencer.* Anfang, m., *commencement.* Anfänger, m., *débutant.* Fischfang, m., *pêche.*
Halt, m., *appui; halte.* halt, *halte là!* — enthalten, *contenir.* behalten, *garder, conserver.* erhalten, *recevoir, obtenir.* sich verhalten, *se conduire; être à.* sich enthalten, *s'abstenir.* Verhältniß, n., *rapport, proportion.*	ab-halten, *détourner.* an-, auf-halten, *arrêter.* aus-halten, *endurer.* unter-halten, *entretenir.* Haushaltung, f., *ménage.* Inhalt, m., *contenu.* Hinterhalt, m., *embuscade; réserve.*
Hang, m., *penchant.* hängen, *suspendre.* henken, *pendre.* — Henkel, m., *anse.* Henker, m., *bourreau.*	Anhänger, m., *partisan.* Vorhang, m., *rideau.* abhängig, *dépendant.* — Abhang, m., *pente.* Hängebrücke, f., *pont suspendu.*
entlassen, *congédier.* verlassen, *abandonner.* gelassen, *patient, calme.* Verließ, n., *cachot, oubliettes.*	los-lassen, *lâcher.* veranlassen (régul.), *occasionner.* unter-, weg-lassen, *omettre.* zu-lassen, *laisser fermé.* nachlässig, *négligent.*
Rath, m., *conseil; conseiller.* errathen, *deviner.* — Räthsel, n., *énigme.* gerathen, *réussir.* — mißrathen, *échouer.* verrathen, *trahir.*	ab-, wider-rathen, *dissuader.* rath-schlagen (régul.), *tenir conseil.* Rathsherr, m., *conseiller.* Gemeinderath, m., *conseil municipal.*
Schlaf, m., *sommeil.* schläfern, *avoir sommeil.* schläfrig, *qui a sommeil.*	ein-schlafen, *s'endormir.* Schlafzimmer, n., *chambre à coucher.* schlaflos, *sans sommeil.*

§ 77. *Première Classe (Remarque)*

INFINITIF.	INDICATIF PRÉSENT.	PARTICIPE PASSÉ.	IMPARFAIT DE L'INDICATIF.	IMPARFAIT DU SUBJONCTIF.
hauen. *frapper ; tailler.*	régulier.	gehauen.	hieb.	hiebe.
laufen. *courir.*	du läufst, er läuft.	gelaufen.	lief.	liefe.
rufen. *appeler.*	régulier.	gerufen.	rief.	riefe.
stoßen. *pousser, heurter.*	du stößest, er stößt.	gestoßen.	stieß.	stieße.
heißen. *appeler, s'appeler, signifier.*	régulier.	geheißen.	hieß.	hieße.

Participe: voyelle radicale semblable à celle de l'Infinitif. Imparfait ie.

RADICAUX ET DÉRIVÉS.	FORMES COMPOSÉES.
Haue, f., *pioche.* Hieb, m., *coup.* behauen, *tailler (une haie).* verhauen, *découper.* zerhauen, *couper en morceaux.* Verhau, m., *abatis d'arbres.* hacken, *hacher.* (das) Gehackte, *hachis.*	ab-hauen, *trancher.* aus-hauen, *sculpter.* durch-hauen, *couper en deux.* nieder-hauen, *massacrer.* Holz-hauer, m., *bûcheron.* Bild-hauer, m., *sculpteur.* Stein-hauer, m., *tailleur de pierre.* Hau-bank, f., *billot.*
Lauf, m., *cours; course; canon (d'un fusil).* entlaufen, *s'évader.* verlaufen, *s'écouler (le temps).* Verlauf, m., *laps de temps.* Belauf, m., *montant (d'une dette).* geläufig, *familier.* geläufig, adv., *couramment* sich belaufen (auf), *s'élever à (somme).*	ab-laufen, *découler, s'écouler.* beiläufig, *incidemment.* fort-laufen, *s'enfuir.* über-laufen, *déborder; déserter.* nach-laufen, *poursuivre.* Auf-lauf, m., *attroupement.* Zu-lauf, m., *affluence.* Um-lauf, m., *tour; circulation.* Ueber-läufer, m., *déserteur.* Lauf-bahn, f., *carrière.* Lauf-graben, m., *tranchée.* Lauf-hund, m., *chien courant.*
Ruf, m., *cri; vocation; renommée.* berufen, *mander.* sich berufen (auf, acc.), *en appeler (à).* verrufen, *décrier.* Beruf, m., *vocation.* Gerücht, n., *bruit, rumeur.*	ab-rufen, *publier; rappeler.* an-rufen, *invoquer.* auf-rufen, *appeler sous les armes.* aus-rufen, *proclamer; s'écrier.* wider-rufen, *rétracter.* Aus-ruf, m., *exclamation.* Aus-rufung, f., *proclamation.* Auf-ruf, m., *appel aux armes.* Ab-rufung, f., *appel; rappel.* An-rufung, f., *invocation.*
Stoß, m., *coup, choc.* verstoßen, *piler; expulser.* zerstoßen, *piler.* Stößel, m., *pilon.*	an-stoßen, *heurter contre; rester court.* aus-stoßen, *expulser; pousser (des cris).* durch-stoßen, *percer.* nieder-, um-stoßen, *renverser.* zurück-stoßen, *repousser.* An-stoß, m., *choc.* an-stoßend, *contigu.* an-stößig, *choquant.* Gegen-stoß, m., *contre coup.*
verheißen, *promettre.* Verheißung, f., *promesse.*	gut-heißen, *approuver.* un-geheißen, *spontané.*

§ 78. *Deuxième Classe* (1re *Catégorie*).

INFINITIF.	INDICATIF PRÉSENT ET IMPÉRATIF.	PARTICIPE PASSÉ.	IMPARFAIT DE L'INDICATIF.	IMPARFAIT DU SUBJONCTIF.
befehlen. *commander.*	du befiehlſt, er befiehlt; befiehl.	befohlen.	befahl.	befähle.
bergen. *cacher.*	du birgſt, er birgt; birg.	geborgen.	barg.	bärge.
berſten. *crever.*	du birſteſt, er birſt; birſt.	geborſten.	barſt.	bärſte.
brechen. *briser, casser.*	du brichſt, er bricht; brich.	gebrochen.	brach.	bräche.
erſchrecken. *s'effrayer.* régulier dans le sens de *effrayer.*	du erſchrickſt, er erſchrickt; erſchrick.	erſchrocken.	erſchrak.	erſchräke.
gelten. *valoir.*	du giltſt, er gilt; gilt.	gegolten.	galt.	gälte.
helfen. *aider.*	du hilfſt, er hilft; hilf.	geholfen.	half.	hälfe.
nehmen, *prendre.*	du nimmſt, er nimmt; nimm.	genommen.	nahm.	nähme.
ſchelten, *injurier, gronder.*	du ſchiltſt, er ſchilt, ſchilt.	geſcholten.	ſchalt.	ſchälte.

Radical e. *Participe* o. *Imparfait* a.

RADICAUX ET DÉRIVÉS.	FORMES COMPOSÉES.
Befehl, m., *commandement, ordre.* empfehlen, *recommander.* befehligen, *commander (une armée).*	Befehls-haber, *commandant en chef.* Empfehlungsschreiben, n., *lettre de recommandation.*
Burg, f., *château fort.* Bürger, m., *citoyen.* Berg, m., *montagne.* bergicht, *montagneux.* Gebirge, n., *chaîne de montagnes.* verbergen, *cacher.*	Her-berge, f., *asile.* beher-bergen (régul.), *héberger.* Berg-werk, n., *mine.* Berg-schule, f., *école des mines.* Bürger-meister, m., *maire.* Vor-gebirge, n., *promontoire.*
zerbersten, *se crevasser.*	
Bruch, m., *fracture; rupture; fraction.* gebrechen, *manquer.* verbrechen, *commettre un crime.* zerbrechen, *casser.* — zerbrechlich, *fragile.* Verbrechen, n., *crime.* Gebrechen, n., *infirmité.*	ab-, durch-brechen, *rompre.* aus-brechen, *éclater.* unter-brechen, *interrompre.* Bruch-stück, n., *fragment.* Stein-bruch, m., *carrière de pierres.* Tages-anbruch, m., *pointe du jour.*
Schrecken, m., *effroi, terreur.* schreckhaft, *peureux.* erschrecklich, *effroyable.*	ab-schrecken, *intimider.* un-erschrocken, *intrépide.* Unerschrockenheit, f., *intrépidité.*
Geld, n., *argent.* — Gold, n., *or.* gültig, *valable.* entgelten, *expier.* vergelten, *rémunérer.*	An-geld, n., *arrhes.* — Geldbuße, f., *amende.* gleich-gültig, *indifférent.* un-gültig, *nul.* — Geldbeutel, m., *bourse.* un-entgeltlich, *gratuit.*
Hülfe, f., *aide, secours.* sich behelfen, *s'accommoder de peu.* Gehülfe, m., *aide.*	ab-helfen, *remédier.* hülflos, *sans secours, impuissant.* Hülfs-mittel, n., *remède.*
sich benehmen, *se conduire, s'y prendre.* entnehmen, *retirer.* vernehmen, *entendre, saisir.* genehmigen, *approuver.* vernehmlich, *intelligible.* Vernunft, f., *raison.* vernünftig, *raisonnable.*	ab-nehmen, *ôter (le chapeau); décroître.* an-nehmen, *accepter.* — angenehm, *agréable.* auf-nehmen, *accueillir.* aus-nehmen, *excepter.* — Ausnahme, f., *exception.* Einnehmer, m., *percepteur.* ein-nehmen, *prendre (une ville, médecine).* unter-nehmen, *entreprendre.* sich vor-nehmen, *se proposer.* wieder-, zurück-nehmen, *reprendre.* zu-nehmen, *croître, augmenter.*
	Schelt-wort, n., *injure.* unbescholten, *irréprochable.*

Deuxième Classe (1re Catégorie), suite.

INFINITIF.	INDICATIF PRÉSENT ET IMPÉRATIF.	PARTICIPE PASSÉ.	IMPARFAIT DE L'INDICATIF.	IMPARFAIT DU SUBJONCTIF
ſprechen. *parler.*	du ſprichſt, er ſpricht; ſprich.	geſprochen.	ſprach.	ſpräche.
ſtechen. *piquer.*	du ſtichſt, er ſticht; ſtich.	geſtochen.	ſtach.	ſtäche.
ſtehlen. *voler, dérober.*	du ſtiehlſt, er ſtiehlt; ſtiehl.	geſtohlen	ſtahl.	ſtähle.
ſterben. *mourir.*	du ſtirbſt, er ſtirbt; ſtirb.	geſtorben.	ſtarb.	ſtärbe.
treffen. *atteindre.*	du triffſt, er trifft; triff.	getroffen.	traf.	träfe.
verderben. *se gâter.* régulier dans le sens de *gâter.*	du verdirbſt, er verdirbt; verdirb.	verdorben.	verdarb.	verdärbe.
werben. (um). *rechercher, briguer.*	du wirbſt, er wirbt; wirb.	geworben.	warb.	wärbe.
werfen. *jeter.*	du wirfſt, er wirft; wirf.	geworfen.	warf	würfe et wärfe.
gebären, *enfanter.*	du gebierſt, er gebiert; gebier.	geboren.	gebar.	gebäre.

Radical e. *Participe* o. *Imparfait* a.

RADICAUX ET DÉRIVÉS.	FORMES COMPOSÉES.
Spruch, m., *sentence.* Sprache, f., *langue.* sich besprechen, *se concerter.* entsprechen, *être conforme à.* versprechen *promettre.* Versprechen, n., *promesse.* Gespräch, n., *conversation, dialogue.* gesprächig, *causeur.*	aus-sprechen, *prononcer.* los-sprechen, *absoudre.* wider-sprechen, *contredire.* zu-sprechen, *adjuger; encourager.* Aus-sprache, f., *prononciation.* Sprich-wort, n., *proverbe.* Sprach-lehre, f., *grammaire.* Sprach-zimmer, n., *parloir.* Sprach-fehler, m., *solécisme.*
Stich, m., *piqûre, coup* (*d'épée*). Stichel, m., *burin.* Stachel, m., *aiguillon.* stecken, *mettre* (*dans*); Besteck, n., *étui.* sticken, *broder.* — Stickerei, f., *broderie.* Stock, m., *canne; étage.* bestechen, *corrompre* (*des témoins*). erstechen, *tuer*; — ersticken, *étouffer.* verstecken, *cacher.*	an-stechen, *mettre en perce.* durch-stechen, *percer.* Kupfer-stich, m., *gravure.* Degen-stich, m., *coup d'épée.* Zahn-stocher, m., *cure-dent.* Stachel-beere, f., *groseille.* An-steckung, f., *contagion.* Steck-brief, m., *lettre de signalement.* Stech-nadel, f., *épingle.*
bestehlen, *voler quelqu'un.* verstohlen, *furtif, à la dérobée.*	sich weg-stehlen, *se dérober.* Dieb-stahl, m., *vol.*
sterblich, *mortel.* Sterblichkeit, f., *mortalité.* verstorben, *mort, défunt.*	ab-sterben, *dépérir; décéder.* Unsterblichkeit, f., *immortalité.* Sterbebett, n., *lit de mort.*
Treffen, n., *combat, rencontre.* trefflich, *excellent.* betreffen, *concerner.*	an-treffen, *rencontrer.* über-treffen, *surpasser.* vor-trefflich, *parfait.*
Verdorbenheit, f., *corruption.* verderblich, *ruineux.* Verderben, n., *perte, ruine.*	un-verdorben, *pur.*
Gewerbe, n., *métier.* erwerben, *acquérir.*	Gewerb-fleiß, m., *industrie.* Mitbewerber, m., *concurrent.*
Wurf, m., *coup, jet.* Würfel, m., *dé*; würfeln, *jouer aux dés.* entwerfen, *projeter*; Entwurf, m., *projet.* verwerfen, *rejeter* (fig.). würfelig, *cubique.*	ab-werfen, *jeter bas, démonter.* um-werfen, *renverser.* unterwerfen, *soumettre.* vor-werfen, *reprocher*; Vor-wurf, m., *reproche.* weg-werfen, *rejeter.*
Geburt, f., *naissance.* geboren, gebürtig, *né.*	an-geboren, *inné.* eingeboren, *indigène.* Mißgeburt, f., *monstre.*

§ 79. *Deuxième Classe* (2ᵉ *Catégorie*).

INFINITIF.	INDICATIF PRÉSENT ET IMPÉRATIF.	PARTICIPE PASSÉ.	IMPARFAIT	
			DE L'INDICATIF.	DU SUBJONCTIF.
essen. *manger.*	du issest, er ißt ; iß.	gegessen.	aß.	äße.
fressen. *manger* (des animaux).	du frissest, er frißt ; friß.	gefressen.	fraß.	fräße.
geben. *donner.*	du gibst, er gibt ; gib.	gegeben.	gab.	gäbe.
genesen (neutre). *guérir.*	régulier.	genesen.	genas.	genäse.
geschehen. *arriver, avoir lieu.*	es geschieht.	geschehen.	geschah.	geschähe.
lesen. *lire; cueillir.*	du liesest, er liest ; lies.	gelesen.	las.	läse.

Radical e. *Imparfait* a.

RADICAUX ET DÉRIVÉS.	FORMES COMPOSÉES.
eßbar, *mangeable.* Essen, n., *repas.*	Eß-lust, f., *appétit.* Mittag-essen, n., *dîner.*
Fraß, m., *pâture.* gefräßig, *vorace.*	Viel-fraß, m., *glouton.*
Gabe, f., *don.* (Mit) Gift, f., *dot.* Gift, n., *poison.* giftig, *venimeux, vénéneux.* sich ergeben, *se rendre; se résigner.* vergeben, *pardonner.* vergebens, *en vain.* vergeblich, *inutile.* vergiften, *empoisonner.* begabt, *doué de.* ergeben, *dévoué.* Ergebung, f., *résignation.* Begebenheit, f., *événement.* sich begeben, *avoir lieu, se rendre (auprès de).* Ergebenheit, f., *dévouement.* es gibt, *il y a.* Acht geben, *faire attention.*	ab-geben, *livrer.* an-geben, *déclarer; dénoncer.* auf-geben, *donner (un devoir); renoncer à.* aus-geben, *dépenser.* ein-geben, *donner (médecine); inspirer.* heraus-geben, *publier (un livre); rendre (la monnaie).* hin-, weg-geben, *abandonner.* nach-geben, *céder.* über-geben, *remettre.* um-geben, *entourer.* vor-geben, *avancer, prétexter.* wieder-, zuruck-geben, *rendre.* zu-geben, *accorder, concéder.* Ab-gabe, f., *impôt.* Auf-gabe, f., *devoir.* Aus-gabe, f., *dépense; publication (d'un livre).* Ueber-gabe, f., *reddition.* Heraus-geber, m., *éditeur.* Unter-gebene, m., *subordonné.* vor-geblich, *soi-disant.* frei-gebig, *généreux.* Gegengift, n., *contre-poison.*
Genesung, f., *convalescence.*	
Geschichte, f., *histoire.* geschichtlich, *historique.*	Geschicht-schreiber, m., *historien.* Schicksal, n., *sort, destinée.*
Lesen, n., *lecture.* Leser, m., *lecteur.* Leserei, f., *manie de lire.* lesbar, leserlich, *lisible.* erlesen, *choisir.* belesen, *qui a de la lecture.* erlesen, adj., *d'élite.*	ab-lesen, *proclamer.* aus-lesen, *trier; achever de lire.* durch-lesen, *parcourir; lire entièrement.* fort-lesen, *continuer de lire.* nach-lesen, *glaner.* über-lesen, *relire.* vor-lesen, *lire devant quelqu'un.* Vor-lesung, f., *cours, lecture publique.* Wein-lese, f., *vendange.* Blumen-lese, f., *anthologie.* aus-er-lesen, *choisi, exquis.*

Deuxième classe (2e Catégorie), suite.

INFINITIF.	INDICATIF PRÉSENT ET IMPÉRATIF.	PARTICIPE PASSÉ.	IMPARFAIT DE L'INDICATIF.	IMPARFAIT DU SUBJONCTIF.
messen. *mesurer.*	du missest, er mißt; miß.	gemessen.	maß.	mäße.
sehen. *voir.*	du siehst, er sieht; sieh.	gesehen.	sah.	sähe.
treten. *marcher.*	du trittst, er tritt; tritt.	getreten.	trat.	träte.
vergessen, *oublier.*	du vergissest, er vergißt; vergiß.	vergessen.	vergaß.	vergäße.

Radical e. Imparfait a.

RADICAUX ET DÉRIVÉS.	FORMES COMPOSÉES.
Maß, n., *mesure.* mäßig, *tempérant.* Mäßigkeit, f., *tempérance.* mäßigen, *modérer.* Mäßigung, f., *modération.* gemäß, *conformément.* vermessen, *téméraire.* ermessen, *estimer, juger.*	an-messen, *prendre mesure (d'un habit).* bei-, zu-messen, *imputer.* sich an-maßen, *s'arroger.* Meß-kunst, f., *arpentage.* Durch-messer, m., *diamètre.* An-maßung, f., *prétention.* Ueber-maß, n., *excès.* über-mäßig, *excessif.* regelmäßig, *régulier.*
Sicht, f., *vue (d'une lettre de change.)* sichtbar, *visible.* Gesicht, n., *vue; visage; vision.* besehen, *examiner.* versehen, *pourvoir.* sich versehen, *mal voir, se tromper.* Versehen, n., *méprise.* besichtigen, *examiner, inspecter.* sichtlich, *visiblement.*	an-sehen, *considérer, regarder.* auf-sehen, *surveiller.* aus-sehen, *avoir l'air de.* durch-sehen, *examiner.* ein-sehen, *concevoir.* über-sehen, *passer sur, être indulgent.* vor-sehen, *prévoir.* wieder-sehen, *revoir.* zu-sehen, *regarder.* An-sehen, n., *extérieur; considération.* Ab-sicht, f., *dessein.* — Angesicht, n., *face.* An-sicht, f., *aspect; opinion.* Auf-sicht, f., *surveillance.* Hin-sicht, f., *égard.* Rück-sicht, f., *rapport.* Ueber-sicht, f., *inspection.* Vor-sicht, f., *circonspection.* Zu-versicht, f., *confiance.* Um-, Aussicht, f., *vue.* Vor-sehung, f., *providence.* Vor-sichtigkeit, f., *prévoyance.* durch-sichtig, *transparent.* un-absehbar, *à perte de vue.* un-versehen, *imprévu.* zu-sehends, *à vue d'œil.* auf Wieder-sehen, *au revoir.*
Tritt, m., *pas; coup de pied.* betreten, *marcher sur.* vertreten, *représenter quelqu'un.* zertreten, *écraser du pied.* betreten, *surpris.*	ab-treten, *céder; sortir de la scène.* auf-treten, *se présenter, entrer en scène.* an-treten, *entrer en possession de.* über-treten, *transgresser.* vor-treten, *comparaître.* einher-treten, *s'avancer.* Ab-tritt, m., *lieu d'aisance.* Auf-tritt, m., *scène.* Fehl-tritt, m., *faux-pas.* Zu-tritt, m., *accès.* Stell-vertreter, m., *représentant.*
Vergessenheit, f., *oubli.* vergeßlich, *oublieux.*	Vergiß-mein-nicht. n., *myosotis.*

§ 80. *Deuxième Classe (2e Catégorie). Remarque.*

INFINITIF.	PARTICIPE PASSÉ.	IMPARFAIT DE L'INDICATIF.	IMPARFAIT DU SUBJONCTIF.
bitten. *prier.*	gebeten.	bat.	bäte.
ſitzen. *être assis.*	geſeſſen.	ſaß.	ſäße.
liegen. *être couché; être situé.*	gelegen.	lag.	läge.
kommen. *venir.*	gekommen.	kam.	käme.

Partiepe e. Imparfait a.

RADICAUX ET DÉRIVÉS.	FORMES COMPOSÉES.
Bitte, f., *prière (demande).* beten, *prier, invoquer Dieu.* Gebet, n., *prière.* betteln, *mendier.* Bettler, m., *mendiant.*	an-beten, *adorer.* Für-bitte, f., *intercession.* un-erbittlich, *inexorable.* Bitt-schrift, f., *requête.* Bet-stuhl, m., *prie-Dieu.*
Sitz, m., *siége.* Sitzung, f., *séance, session.* Satz, m., *phrase; dépôt.* Sessel, m., *siége.* Sattel, m., *selle.* setzen, *placer.* — sich setzen, *s'asseoir.* Gesetz, n., *loi.* entsetzen, *déposséder.* ersetzen, *compenser.* versetzen, *répliquer; mettre en gage.* besitzen, *posséder.* Besitzung, f., *possession.* Besatzung, f., *garnison.* entsetzlich, *effroyable.*	auf-sitzen, *monter à cheval.* ein-sitzen, *monter en voiture.* vor-sitzen, *présider.* über-setzen, *traduire; franchir.* ab-setzen, *destituer.* fort-setzen, *continuer.* Ueber-setzung, f., *traduction.* Fort-setzung, f., *suite, continuation.* Ab-satz, m., *talon.* Vor-satz, m., *dessein.* Zwischen-satz, m., *parenthèse.* Gegen-satz, m., *antithèse.* Grundsatz, m., *principe.* — Aufsatz, m., *rédaction.* auf-setzen, *mettre (le chapeau).*
Lage, f., *situation, position.* Lager, n., *camp; couche.* lagern, *camper.* legen, *placer.* gelegen, *situé; commode; opportun.* erliegen, *succomber.* verlegen, *embarrassé.* Verlegenheit, f., *embarras.* Gelegenheit, f., *occasion.* belagern, *assiéger.* Belagerung, f., *siege (d'une ville).* entlegen, *écarté.*	unter-liegen, *succomber.* um-lagern, *cerner.* bei-liegend, *ci-joint.* in-liegend, *inclus.* um-liegend, *circonvoisin.* ab-gelegen, *écarté.* Anlage, f., *disposition (pour)* über-legen, *supérieur.* Ob-liegenheit, f., *obligation.* Auf-lage, f., *imposition; édition.* Nieder-lage, f., *défaite; entrepôt.* Ueber-legung, f., *réflexion.* An-gelegenheit, f., *affaire.*
künftig, *futur.* bekommen, *recevoir.* entkommen, *échapper.*	an-kommen, *arriver.*—An-kunft, f., *arrivée.* durch-kommen, *passer; se tirer de.* ein-kommen, *entrer.* fort-kommen, *échapper.* her-kommen, *provenir.*—Her-kunft, f., *origine.* um-kommen, *périr.* vor-kommen, *devancer; sembler.* wieder-, zurück-kommen, *revenir.* zu-kommen, *tomber en partage; parvenir à.* Wieder-, Rückkunft, f., *retour.* Zu-kunft, f., *avenir.* Zusammen-kunft, f., *réunion.* Ein-künfte, f., *rentes.* her-kömmlich, *traditionnel.* Nach-kommen, m. pl., *descendants.* voll-kommen, *parfait.* will-kommen, *bienvenu.*

§ 81. *Deuxième Classe. Exception.*

INFINITIF.	PARTICIPE PASSÉ.	IMPARFAIT DE L'INDICATIF.	IMPARFAIT DU SUBJONCTIF.
gehen. *aller.*	gegangen.	ging.	ginge.
stehen. *être debout.*	gestanden.	stand. stund.	stände. stünde.

Verbes irréguliers gehen *et* stehen.

RADICAUX ET DÉRIVÉS.

Gang, m., *allure; allée.*
gängeln, *conduire par la lisière.*
gangbar, *praticable, fréquenté.*
begehen, *commettre.*
entgehen, *échapper.*
vergehen, *passer (temps).*
zergehen, *fondre (sucre).*
Vergangenheit, f., *passé.*
sich ergehen, *se promener.*
vergänglich, *passager, éphémère.*

Stand, m., *place; état; position.*
Stunde, f., *heure; lieue.*
stündig, *d'une heure.*
stündlich, *d'heure en heure.*
standhaft, *constant.*
Staat, m., *État; parure.*
Stätte, f., *emplacement.*
Stadt, f., *ville.*
Gestade, n., *bord, rivage.*
stellen, *placer.*
Stelle, f., *place;* Stuhl, m., *chaise.*
Gestalt, f., *forme.*
Stall, m., *écurie.*
bestehen, *consister en; passer (un examen).* stets, *constamment.*
entstehen, *prendre naissance.*
gestehen, *avouer.*
verstehen, *comprendre.*
Bestand, m., *consistance.*
beständig, *constant.*
Geständniß, n., *aveu.*
Verstand, m., *raison, intelligence.*
verständig, *intelligent.*
verständlich, *intelligible.*
Ständchen, n., *sérénade.*
Standhaftigkeit, f., *constance.*
bestellen, *commander (une marchandise); labourer.*

FORMES COMPOSÉES.

an-gehen, *commencer; concerner.*
auf-gehen, *se lever (soleil), s'ouvrir.*
aus-gehen, *sortir.*
durch-gehen, *passer.*
ein-gehen, *entrer.*
fort-, weg-gehen, *s'en aller.*
hinter-gehen, *duper.*
über-gehen, *omettre; déserter.*
um-gehen, *faire un détour, fréquenter (qq'un).*
unter-gehen, *aller au fond, s'enfoncer; se coucher (soleil).*
vor-, zu-gehen, *se passer.*
zurück-gehen, *revenir.*
Aus-gang, m., *sortie.*
Ein-gang, m., *entrée.*
Um-gang, m., *détour; liaison.*
Unter-gang, m., *ruine.*
Vor-gang, m., *événement.*
Zu-gang, m., *accès.*
Vor-gänger, m., *devancier.*
Fuß-gänger, m., *piéton.*
Sonnen-aufgang, m., *lever du soleil.*
Sonnen-untergang, m., *coucher du soleil.*

an-, zu-stehen, *convenir.*
auf-stehen, *se lever.*
auf-erstehen, *ressusciter.*
aus-stehen, *souffrir.*
bei-stehen, *assister (qq'un).*
sich unter-stehen, *oser.*
vor-stehen, *présider.*
wider-stehen, *résister.*
über-stehen, *supporter.*
an-ständig, *convenable.*
in-ständig, *instant.*
Bei-stand, m., *assistance, secours.*
Gegen-stand, m., *objet; sujet.*
Um-stand, m., *circonstance.*
Wider-stand, m., *résistance.*
Zu-stand, m., *état, situation.*
Stand-uhr, f., *pendule.*
Aus-stellung, f., *exposition.*
Her-stellung, f., *restauration.*
Vor-stellung, f., *représentation.*
An-stalt, f., *préparatif; établissement.*
Werck-stätte, f., *atelier.*
Statt-halter, m., *lieutenant; gouverneur.*
anstatt, *au lieu de.*

§ 82. *Troisième Classe (1re Catégorie).*

INFINITIF.	PARTICIPE PASSÉ.	IMPARFAIT DE L'INDICATIF.	IMPARFAIT DU SUBJONCTIF.
binden. *lier.*	gebunden.	band.	bände.
dingen. *louer, engager (un domestique).*	gedungen.	dang.	dänge.
dringen. *pénétrer.*	gedrungen.	drang.	dränge.
finden. *trouver.*	gefunden.	fand.	fände.
gelingen. *réussir.*	gelungen.	es gelang.	es gelänge.
klingen. *sonner, résonner.*	geklungen.	klang.	klänge.
ringen. *lutter; tordre.*	gerungen.	rang.	ränge.
schlingen. *enlacer.*	geschlungen.	schlang.	schlänge.
schwinden. *disparaître.*	geschwunden.	schwand.	schwände.

Radical i. *Participe* u. *Imparfait* a.

RADICAUX ET DÉRIVÉS.	FORMES COMPOSÉES.
Binde, f., *bandeau*. Bund, n., *paquet*. Band, n., *ruban; lien;* Band, m., *volume*. Bund, m., Bündniß, n., *alliance*. verbinden, *unir; obliger; panser*. entbinden, *délier* (fig.). Verbindung, f., *union;* verbindlich, *obligé*. Verband, m., *pansement*. bändigen, *dompter*.	an-binden, *attacher à*. ein-binden, *relier*. zusammen-binden, *attacher*. los-binden, *délier; détacher*. Binde-wort, n., *conjonction*. Binde-strich, m., *trait d'union*. Halsbinde, f., *cravate*. Buchbinder, m., *relieur*.
Ding, n., *chose, objet*. bedingen, *stipuler*. Bedingung, f., *condition*.	Un-ding, n., *chimère*. Neben-ding, n., *chose accessoire*. un-bedingt (rég.), *sans restriction*.
dringend, *pressant, urgent*. Drang, m., *presse, foule*. drängen, *presser, serrer*. Drangsal, n., *tourment*. Gedränge, n., *foule*. verdringen, *évincer*.	ab-dringen, *extorquer*. auf-dringen, *forcer de prendre*. durch-, ein-dringen, *pénétrer*. zu-dringen, *se presser;* zudringlich, *importun*. un-durch-dringlich, *impénétrable*. Eindringling, m., *intrus*.
Fund, m., *trouvaille*. sich befinden, *se porter*. empfinden, *éprouver;* empfindlich, *sensible*. erfinden, *inventer;* Erfindung, f., *invention*. empfindsam, *sentimental*.	auf-, aus-finden, *découvrir*. sich ein-finden, *se trouver* (*à un endroit désigné*). statt-finden, *avoir lieu*. un-empfindlich, *insensible*. Findelhaus, n., *hospice des enfants trouvés*.
mißlingen, *échouer*.	
Klang, m., *son*. Klinge, f., *lame, épée*. klingeln, *sonner;* Klingel, f., *sonnette*. erklingen, *retentir*.	an-klingen, *choquer* (*les verres*). nach-klingen, *vibrer*. Ein-klang, m., *accord, unisson*. Miß-klang, m., *dissonance*. Wohl-klang, m., *euphonie, harmonie*.
Ring, m., *anneau, cercle.*. Rang, m., *rang;* rings, *en cercle*. erringen, *remporter en luttant*. gering, *borné, de peu de valeur*.	um-ringen, *cerner* (régulier). Ring-finger, m., *annulaire*. Ring-mauer, f., *mur de clôture, enceinte*.
Schlinge, f., *lacet;* Schlange, f., *serpent*. schlank, *délié, élancé*. verschlingen, *engloutir*.	durch-schlingen, *entrelacer*.
Schwindel, m., *vertige*. geschwind, *vite*. verschwinden, *disparaître*. verschwenden, *prodiguer*.	Schwind-sucht, f., *phthisie*.

Troisième Classe (1re Catégorie) (suite).

INFINITIF.	PARTICIPE PASSÉ.	IMPARFAIT DE L'INDICATIF.	IMPARFAIT DU SUBJONCTIF.
schwingen. *prendre son élan; brandir.*	geschwungen.	schwang.	schwänge.
singen. *chanter.*	gesungen.	sang.	sänge.
sinken. *s'enfoncer, tomber.*	gesunken.	sank.	sänke.
springen. *sauter.*	gesprungen.	sprang.	spränge.
stinken. *puer.*	gestunken.	stank.	stänke.
trinken. *boire.*	getrunken.	trank.	tränke.
winden. *tordre.*	gewunden.	wand.	wände.
zwingen. *forcer.*	gezwungen.	zwang.	zwänge.
schinden. *écorcher.*	geschunden.	schund.	schünde.

Radical i. **Participe** u. *Imparfait* a.

RADICAUX ET DÉRIVÉS.	FORMES COMPOSÉES.
Schwung, m., *essor.* Schwinge, f., *van; aile.* Schwank, m., *facétie.*	sich auf-, empor-schwingen, *s'élever.* aus-schwingen, *vanner.*
Gesang, m., *chant, cantique.* Sänger, m., *chanteur.* Sängerin, f., *cantatrice.* besingen, *célébrer.*	ein-singen, *endormir en chantant.* vor-singen, *entonner.* Gesang-buch, n., *livre de cantiques.* Sing-pult, n., *lutrin.* Sing-spiel, n., *opéra.*
senken, *abaisser.* versinken, *couler (vaisseau).* Senker, m., *provin.*	nieder-sinken, *tomber.* unter-sinken, *être submergé.* senk-recht, *vertical.* — Senkblei, n., *fil à plomb.*
Sprung, m., *saut.* sprengen, *faire sauter; galoper.* Sprengel, m., *goupillon; cercle; diocèse.* entspringen, *se sauver; provenir.* zerspringen, *crever, se fendre.* besprengen, *arroser.*	über-springen, *franchir, omettre.* Ur-sprung, m., *origine.* ur-sprünglich, *originel, primitif.* Kirchen-sprengel, m., *diocèse.* Spring-brunnen, m., *fontaine.* Sprengpulver, n., *poudre de mine.*
stinkend, stinkig, *puant.* Gestank, m., *puanteur.*	
Trank, m., *boisson, breuvage, potion.* Trunk, m., *trait, coup.* Getränk, n., *boisson, breuvage.* tränken, *abreuver;* Tränke, f., *abreuvoir.* trinkbar, *potable.* sich betrinken, *s'enivrer;* betrunken, *ivre.* ertrinken, *se noyer.* vertrinken, *dépenser à boire.* Trunkenheit, f., *ivresse;* trunken, *ivre (de joie.)*	aus-trinken, *vider.* zu-trinken, *boire à la santé de.* Trunken-bold, m., *ivrogne.* Trink-geld, n., *pourboire.* Trinkspruch, m., *toast.*
Winde, f., *cabestan;* Windel, f., *lange.* Windung, f., *sinuosité.* wund, *blessé;* Wunde, f., *blessure.* verwunden, *blesser.*	durch-winden, *entrelacer.* über-winden, *vaincre, surmonter.* un-über-windlich, *invincible, insurmontable.* Wundarzt, m., *chirurgien.*
Zwang, m., *gêne, contrainte.* Zwinger, m., *donjon.* zwängen, *presser, serrer.* bezwingen, *vaincre.* erzwingen, *obtenir de force.*	ab-zwingen, *extorquer.* auf-zwingen, *contraindre de prendre.* un-bezwinglich, *indomptable.* un-gezwungen, *sans contrainte, ingénu.* Zwang-arbeit, f., *travaux forcés.*
Schinder, m., *bourreau.*	sich ab-schinden, *se tuer à force de travailler*

§ 83. *Troisième Classe (2e Catégorie).*

INFINITIF.	PARTICIPE PASSÉ.	IMPARFAIT DE L'INDICATIF.	IMPARFAIT DU SUBJONCTIF.
beginnen. *commencer.*	begonnen.	begann.	begänne.
gewinnen. *gagner.*	gewonnen.	gewann.	gewänne.
rinnen. *couler.*	geronnen.	rann.	ränne.
schwimmen. *nager.*	geschwommen.	schwamm.	schwämme.
sinnen. *réfléchir.*	gesonnen.	sann.	sänne.
spinnen. *filer.*	gesponnen.	spann.	spänne.

Radical i. *Participe* o. *Imparfait* a.

RADICAUX ET DÉRIVÉS.	FORMES COMPOSÉES.
Beginn, m., *origine.*	
Gewinnst, m., *gain.* Gewinner, m., *gagnant.*	ab-gewinnen, *gagner quelque chose à quelqu'un.* Gewinn-sucht, f., *cupidité.*
Rinne, f., *rigole.* entrinnen, *s'échapper.* gerinnen, *se figer.* zerrinnen, *s'écouler* (fig.).	ab-rinnen, *découler.* aus-rinnen, *s'écouler.* Dach rinne, f., *gouttière.*
Schwimmer, m., *nageur.* Schwamm, m., *éponge; champignon.* schwammig, *spongieux.* schwemmen, *flotter, baigner.*	an-schwimmen, *aborder à la nage.* durch-, über-schwimmen, *traverser à la nage.* fort-schwemmen, *charrier.* über-schwemmen, *inonder.* Ueber-schwemmung, f., *inondation.* Schwimm-feder, f., *nageoire.* Schwimm-kunst, f., *natation.* Schwimm-schule, f., *école de natation.* Schwimm-vögel, m., *palmipèdes.*
Sinn, m., *sens.* sinnig, *qui a du sens.* sinnlich, *sensuel.* Sinnlichkeit, f., *sensualité.* (sich) sehnen (nach), *désirer ardemment.* gesinnt, *intentionné.* gesonnen, *résolu.* besonnen, *prudent, réfléchi.* Besonnenheit, f., *circonspection.* sich besinnen, *se souvenir; réfléchir.* sich entsinnen, *se souvenir (de).* ersinnen, *inventer, controuver.* Besinnung, f., *connaissance.* versinnlichen, *rendre sensible (qq. ch.).* Gesinnung, f., *sentiment; disposition.*	aus-sinnen, *imaginer, inventer.* nach-sinnen, *méditer.* sinn-los, *privé de sentiment; insensé.* sinn-reich, *ingénieux.* un-sinnig, *insensé.* — Leichtsinn, m., *légèreté.* sinn-verwandt, *synonyme.* un-besonnen, *irréfléchi.* Un-besonnenheit, f., *étourderie.* Eigen-sinn, m., *caprice.* Starr-sinn, m., *opiniâtreté.* Scharf-sinn, m., *sagacité.* Stumpf-sinn, m., *stupidité.* Un-sinn, m., *non-sens.* Gegen-sinn, m., *contresens.* besinnungs-los, *étourdi, sans connaissance.* Sinn-bild, n., *allégorie.* Sinn-gedicht, n., *épigramme.* Sinn-spruch, m., *sentence.* Sehn-sucht, f., *désir ardent.*
Spinne, f., *araignée.* Gespinnst, n., *toile d'araignée.* Spindel, f., *fuseau.* Spinnerei, f., *filature.*	Spinn-rad, n., *rouet.* an-spinnen, *tramer (fig.).* Spinnrocken, m., *quenouille.* Hirngespinnst, n., *chimère.*

§ 84. *Quatrième Classe* (1re *Catégorie*).

INFINITIF.	PARTICIPE PASSÉ.	IMPARFAIT DE L'INDICATIF.	IMPARFAIT DU SUBJONCTIF.
ſich befleißen. *s'appliquer.*	befliſſen.	befliß.	befliſſe.
beißen. *mordre.*	gebiſſen.	biß.	biſſe.
bleichen. *pâlir.* régulier dans le sens de *blanchir.*	geblichen.	blich.	bliche.
gleichen. *ressembler.*	geglichen.	glich.	gliche.
gleißen. *dissimuler.*	gegliſſen.	gliß.	gliſſe.
gleiten. *glisser.*	geglitten.	glitt.	glitte.
greifen. *saisir.*	gegriffen.	griff.	griffe.
keifen. *criailler.*	gekiffen.	kiff.	kiffe.
kneifen, } *pincer.* kneipen. }	gekniffen. geknippen.	kniff. knipp.	kniffe. knippe.
leiden. *souffrir.*	gelitten.	litt.	litte.
pfeifen. *siffler.*	gepfiffen.	pfiff.	pfiffe.

Radical ei. *Participe et Imparfait* i.

RADICAUX ET DÉRIVÉS.	FORMES COMPOSÉES.
Fleiß, m., *zèle, ardeur;* fleißig, *zélé.* geflissentlich, *à dessein.*	
Biß, m., *morsure;* Gebiß, n., *mors.* Bissen, m., *morceau.*	an-, ein-beißen, *mordre à.* auf-beißen, *casser avec les dents.*
bleich, *pâle.* Bleiche, f., *pâleur; blanchisserie.* er-, verbleichen, *pâlir; expirer.*	
gleich, *égal, pareil;* adv. *de suite.* Gleichung, f., *équation.* Gleichheit, f., *égalité.* vergleichen, *comparer* (*à*, mit). Vergleichung, f., *comparaison.* Vergleich, m., *transaction.*	aus-gleichen, *égaliser; concilier.* gleich-gültig, *indifférent.* gleich-falls, *pareillement.* Gleich-niß, n., *parabole.* Gleich-maß, n., *symétrie.* Gleich-gewicht, n., *équilibre.*
Gleißner, m., *dissimulé.* Gleißnerei, f., *dissimulation.*	
Gletscher, m., *glacier.* entgleiten, *glisser* (*des mains*).	aus-gleiten, *glisser* (*pers.*).
Griff, m., *poignée;* Griffel, m., *burin.* begreifen, *concevoir;* Begriff, m., *idée.* ergreifen, *saisir.* sich vergreifen, *s'attaquer à.*	an-greifen, *attaquer.* ein-, vor-greifen, *empiéter.* un-begreiflich, *inconcevable.* An-griff, m., *attaque.*
Gekeif, n., *criaillerie.*	
Kniff, m., *artifice, ruse.* knüpfen, *nouer;* Knopf, m., *bouton.* Knoten, m., *nœud, intrigue.*	Knopfloch, n., *boutonnière.*
Leiden, n., *souffrance.* Leid, n., *mal;* leid, *peiné.* leidend, *passif;* leidlich, *passable.* leider, *malheureusement.* erleiden, *souffrir, subir.* beleidigen, *offenser.* Beleidigung, f., *offense.*	aus-leiden, *cesser de souffrir.* mit-leiden, *compatir.* bemit-leiden, *avoir pitié de* (régul.). Mit-leid, n., *compassion.* mit-leidig, *compatissant.* Leiden-schaft, f., *passion.* — Beileid, n., *condoléance.*
Pfeife, f., *sifflet; pipe.* pfiffig, *fin, rusé.*	aus-pfeifen, *siffler* (*un acteur*). Tabaks-pfeife, f., *pipe.*

Quatrième Classe (1re Catégorie) (suite).

INFINITIF.	PARTICIPE PASSÉ.	IMPARFAIT DE L'INDICATIF.	IMPARFAIT DU SUBJONCTIF.
reißen. *tirer fortement.*	geriſſen.	riß.	riſſe.
reiten. *aller à cheval.*	geritten.	ritt.	ritte.
ſchleichen. *se glisser.*	geſchlichen.	ſchlich.	ſchliche.
ſchleifen. *aiguiser*, régulier dans le sens de *traîner*.	geſchliffen.	ſchliff.	ſchliffe.
ſchleißen, ſpleißen, } *fendre en long.*	geſchliſſen. geſpliſſen.	ſchliß. ſpliß.	ſchliſſe. ſpliſſe.
ſchmeißen, *jeter* (*familier*).	geſchmiſſen.	ſchmiß.	ſchmiſſe.
ſchneiden, *couper.*	geſchnitten.	ſchnitt.	ſchnitte.
ſchreiten, *marcher.*	geſchritten.	ſchritt.	ſchritte.
ſtreichen. *frotter.*	geſtrichen.	ſtrich.	ſtriche.
ſtreiten. *lutter, combattre.*	geſtritten.	ſtritt.	ſtritte.
weichen. *céder.* régulier dans le sens d'*amollir*.	gewichen.	wich.	wiche.

Radical ei. *Participe et Imparfait* i.

RADICAUX ET DÉRIVÉS.	FORMES COMPOSÉES.
reißend, *féroce; rapide (torrent).* Riß, m., Ritze, f., *fente, déchirure.* Reiz, m., *charme;* reizend, *charmant.* entreißen, *arracher à.* zerreißen, *mettre en pièces; déchirer.*	ein-, um-, nieder-reißen, *démolir.* aus-reißen, *arracher (une dent); déserter.* fort-, hin-reißen, *entraîner.* Ab-riß, *m., plan, dessin.* Reiß-feder, f., *porte-crayon; tire-ligne.*
Ritter, m., *chevalier.* Reiter, m., *cavalier.* Reiterei, f., *cavalerie.* bereiten, *dresser un cheval.* beritten, *monté;* Ritt, m., *course (à cheval.* Ritterthum, n., *chevalerie.*	ab-, fort-reiten, *partir à cheval.* zu reiten, *dresser un cheval; galoper.* Reit kunst, f., *équitation.* Reit bahn, f., Reitschule, f., *manège.* Reit pferd, n., *cheval de selle.* Rittmeister, m., *capitaine de cavalerie.*
Schlich, m., *intrigue, menée.* beschleichen, *épier.*	sich fort-, weg-schleichen *s'esquiver.* Schleich-handel, m., *contrebande.*
Schleifer, m., *émouleur.* Schleife, f., *nœud coulant; claie.* schleppen, *traîner.*	aus-schleifen, *affiler.* un geschliffen, *grossier.* Schleif-stein, m., *meule, pierre à aiguiser.*
Splitter, m., *éclat, fragment.* zersplittern, *briser par éclats.*	
verschmitzt, *fin, rusé.*	
Schnitt, m., *coupe, taille.* Schnitte, f., *tranche.* Schneide, f., *tranchant.* schneidend, *tranchant; cuisant.* Schnitter, m., *moissonneur.* schnitzen, *ciseler.* Schneider, m., *tailleur.* zerschneiden, *dépecer, découper.*	ab-schneiden, *retrancher.* an-schneiden, *entamer.* vor-schneiden, *trancher.* durch-schneiden, *couper en deux.* Vor-schneider, m., *découpeur.* Ab schnitt, m., *section, chapitre.* Durch-schnitt, m., *moyenne, diamètre.*
Schritt, m., *pas; démarche.* beschreiten, *marcher sur, fouler.*	fort-schreiten, *avancer;* Fort-schritt, *m., progrès.* über-schreiten, *outrepasser; transgresser.*
Streich, m., *coup.* — Strich, m., *trait.* Striegel, f., *étrille.* — striegeln, *étriller.* verstreichen, *s'écouler (le temps).*	an-streichen, *enduire, peindre.* aus-, durch-streichen, *rayer.* unter-streichen, *souligner.*
Streit, m., *lutte;* Streiter, m., *combattant.* streitbar, *propre au combat.*	ab-, wider-streiten, *contester.* un-streitig, *incontestable.*
weich, *mou;* Weichling, m., *efféminé.* entweichen, *s'évader.* erweichen, *amollir, attendrir.* Weiche, f., *aiguille (ch. de fer).* Weichheit, f., *mollesse, douceur.*	aus-weichen, *se détourner, éviter.* ein weichen, *tremper, infuser.* un-erweichlich, *inflexible.* Weichensteller, m., *aiguilleur.*

§ 85. *Quatrième Classe (2e Catégorie).*

INFINITIF.	PARTICIPE PASSÉ.	IMPARFAIT DE L'INDICATIF.	IMPARFAIT DU SUBJONCTIF.
bleiben. *rester.*	geblieben.	blieb.	bliebe.
gedeihen. *prospérer.*	gediehen.	gedieh.	gediehe.
leihen. *prêter.*	geliehen.	lieh.	liehe.
meiden. *éviter.*	gemieden.	mied.	miede.
preisen. *priser, vanter.*	gepriesen.	pries.	priese.
reiben. *frotter.*	gerieben.	rieb.	riebe.
scheiden. *se séparer.*	geschieden.	schied.	schiede.
scheinen. *paraître, luire.*	geschienen.	schien.	schiene.

Radical **ei.** ***Participe et Imparfait*** **ie.**

RADICAUX ET DÉRIVÉS.	FORMES COMPOSÉES.
verbleiben, *demeurer.*	auf-bleiben, *rester levé; rester ouvert.* aus-bleiben, *tarder à venir.* hinter-, zurück-bleiben, *rester en arrière.* übrig-bleiben, *être de reste.* Ueber-bleibsel, n., *reste.*
gedeihlich, *profitable.*	
Lehen, n., *prêt; fief.* verleihen, *accorder, conférer.* entleihen, *emprunter.*	aus-leihen, *prêter.* an-leihen, *emprunter;* An-leihen, n., *emprunt.* Dar-lehn, n., Ausleihung, f., *prêt.* Leih-haus, n., *mont-de-piété.* Lehn-herr, m., *suzerain.* Lehn-recht, n., *droit féodal.*
vermeiden, *éviter.*	un-vermeidlich, *inévitable.*
Preis, m., *prix.*	an-preisen, *vanter.* preis-geben, *abandonner à la merci.* Preis-schrift, f., *écrit couronné.* Preis-austheilung, f., *distribution des prix.* lobpreisen (régul.), *prôner.*
Reibe, f., *râpe.* ver-, zerreiben, *broyer.*	ein-reiben, *frictionner.*
Scheide, f., *fourreau.* Scheidung, f., *séparation.* Bescheid, m., *décision.* scheitern, *échouer.* Scheitel, m., *sommet de la tête.* bescheiden, *assigner.* entscheiden, *décider.* verscheiden, *décéder.* bescheiden, *modeste.* Bescheidenheit, f., *modestie.* verschieden, *différent.*	ab-, hin-scheiden, *décéder.* unter-scheiden, *distinguer.* Unter-scheidung, f., *distinction.* Unter-schied, m., *différence.* Ab-schied, m., *congé.* Scheide-münze, f., *monnaie.* Scheide-wand, f., *cloison.* Scheide-weg, m., *carrefour.* Scheide-wasser, n., *acide nitrique.* Scheide-kunst, f., *chimie.* Schieds-richter, m., *arbitre.*
Schein, m., *apparence; certificat.* scheinbar, *apparent.* Schimmer, m., *lueur.* bescheinen, *éclairer.* erscheinen, *apparaître.* Erscheinung, f., *apparition.* bescheinigen, *certifier.*	An-schein, m., *apparence.* Wieder-schein, m., *reflet.* Schein-bild, n., *simulacre, fantôme.* Schein-tod, m., *léthargie.* Todten-schein, m., *extrait mortuaire.* Geburtsschein, m., *extrait de naissance.* Mond-schein, m., *clair de lune.*

Quatrième Classe (2e Catégorie) (suite).

INFINITIF.	PARTICIPE PASSÉ.	IMPARFAIT DE L'INDICATIF.	IMPARFAIT DU SUBJONCTIF.
schreiben. *écrire.*	geschrieben.	schrieb.	schriebe.
schreien. *crier.*	geschrieen.	schrie.	schriee.
schweigen. *se taire.*	geschwiegen.	schwieg.	schwiege.
speien. *cracher.*	gespieen.	spie.	spiee.
steigen. *monter.*	gestiegen.	stieg.	stiege.
treiben. *pousser.*	getrieben.	trieb.	triebe.
weisen. *montrer, indiquer.*	gewiesen.	wies.	wiese.
zeihen. *accuser.*	geziehen.	zieh.	ziehe.

Radical **ei**. *Participe et Imparfait* **ie**.

RADICAUX ET DÉRIVÉS.	FORMES COMPOSÉES.
Schreiben, n., *écrit, lettre.* Schreiber, m., *secrétaire.* Schrift, f., *écriture, écrit.* schriftlich, *par écrit.* beschreiben, *décrire.* verschreiben, *ordonner* (*médecine*). Beschreibung, f., *description.* Verschreibung, f., *ordonnance.* unbeschreiblich, *indicible.* beschreibend, *descriptif.*	ab-schreiben, *copier*; Ab-schrift, f., *copie.* auf-schreiben, *noter.* fort-schreiben, *continuer d'écrire.* nieder-schreiben, *mettre par écrit.* über-schreiben, *mettre l'adresse.* unter-schreiben, *souscrire, signer.* vor-schreiben, *prescrire*; Vor-schrift, f., *précepte.* zu-schreiben, *dédier; attribuer.* Schnell-schrift, f., *sténographie.* In-schrift, f., *inscription.* Nach-schrift, f., *post-scriptum.* Unter-schrift, f., *signature.* Schrift-steller, m., *écrivain.* Schreib-art, f., *style.* Schreib-fehler, m., *faute d'orthographe.* Schreib-faß, -zeug, n., *écritoire.* Schreib-tisch, m., *bureau.* Schön-schreiber, m., *calligraphe.* Hand-schrift, f., *manuscrit.*
Schrei, m., *cri*; Geschrei, n., *cris.* verschreien, *décrier.*	ab-, aus-schreien, *décrier; s'écrier.* Markt-schreier, *charlatan.*
verschweigen, *taire, celer.* Verschwiegenheit, f., *discrétion.*	Stillschweigen, n., *silence.*
Speichel, m., *salive.* verspeien, *conspuer.*	aus-speien, *expectorer.* (der) feuerspeiende Berg, *volcan.*
Steg, m., *sentier*; Steige, f., *montée.* be-, ersteigen, *monter, escalader.* versteigern, *vendre aux enchères.* steigern, *élever; enchérir.*	ab-, aus-steigen, *descendre, débarquer.* ein-steigen, *monter en voiture.* über-steigen, *surmonter.* Steg-reif, m., *étrier.*
Trieb, m., *penchant, instinct.* Trift, f., *prairie, pâturage.* streben (nach), *tendre vers.* betreiben, *exercer* (*une industrie*). vertreiben, *bannir; passer* (*le temps*).	an-treiben, *animer*; An-trieb, m., *impulsion.* aus-, fort-treiben, *expulser.* über-treiben, *exagérer.* Treib-haus, n., *serre.* Trieb-feder, f., *ressort; mobile.*
Weise, m., *sage*; Weise, f., *manière.* Weisheit, f., *sagesse.* beweisen, *prouver*; Beweis, m., *preuve.* erweisen, *rendre* (*un service*). Verweis, m., *réprimande.*	ab-, zurück-weisen, *éconduire.* über-weisen, *convaincre.* unter-weisen, *instruire.* zurecht-weisen, *redresser.* Weg-weiser, m., *poteau indicateur.*
verzeihen, *pardonner.* Verzeihung, f., *pardon.*	un-verzeihlich, *impardonnable.*

§ 86. *Cinquième Classe.*

INFINITIF.	PARTICIPE PASSÉ.	IMPARFAIT DE L'INDICATIF.	IMPARFAIT DU SUBJONCTIF.
biegen. *plier.*	gebogen.	bog.	böge.
bieten. *offrir.*	geboten.	bot.	böte.
fliegen. *voler.*	geflogen.	flog.	flöge.
fliehen. *fuir.*	geflohen.	floh.	flöhe.
fließen. *couler.*	geflossen.	floß.	flöße.
frieren. *avoir froid, geler.*	gefroren.	fror.	fröre.

Radical ie. *Participe et Imparfait* o.

RADICAUX ET DÉRIVÉS.	FORMES COMPOSÉES.
beugen, *incliner*; Beugung, f., *flexion*. Biegung, f., *courbure; sinuosité*. Bogen, m., *arc; feuille de papier*. Buch, n., *livre*. — Bug, m., *avant d'un navire*. Bucht, f., *baie, anse*. Bauch, m., *ventre*. biegsam, *flexible*. bügeln, *repasser* (*du linge*). sich bücken, sich verbeugen, *s'incliner*. Buckel, m., *bosse*. — buckelig, *bossu*. Verbeugung, f., *révérence*.	um-biegen, *recourber*. Steig-bügel, m., *étrier*. Bügel-eisen, n., *fer à repasser*. Buckelochs, m., *bison*. Regenbogen, m., *arc-en-ciel*.
Bote, m., *messager*. Botschaft, f., *message*. Gebiet, n., *domaine, territoire*. gebieten, *commander*. verbieten, *défendre*; Verbot, n., *défense*. Gebot, n., *commandement*. gebieterisch, *impérieux*.	an-, dar-bieten, *offrir*. auf-bieten, *appeler aux armes; mettre en usage*. aus-bieten, *exposer en vente*. über-bieten, *surenchérir*. Auf-gebot, n., *levée des troupes*. Vor-bote, m., *avant-coureur*. An-erbieten, n., *offre*.
Fliege, f., *mouche*. Flug, m., *vol*; flugs, adv., *vite*. Flügel, m., *aile, battant d'une porte*. Geflügel, n., *volaille*. entfliegen, *s'envoler*.	auf-fliegen, *prendre sa volée*. aus-, fort-fliegen, *s'envoler*. über-flügeln, *déborder* (*l'ennemi*). Flug-blatt, n., *brochure*. Flügel-thür, f., *porte à deux battants*.
Floh, m., *puce*. Flucht, f., *fuite*; flüchtig, *fugitif*. sich flüchten, *se sauver*. entfliehen, *s'enfuir*. Flüchtling, m., *fugitif*.	aus-, weg-fliehen, *se sauver*. Aus-flucht, f., *faux-fuyant, échappatoire*. Zu-flucht, f., *refuge*. Zufluchtsort, m., *asile*.
Fluß, m., *fleuve; flux; fusion*. Floß, n., Flöße, f., *radeau*. Fluth, f., *flot, reflux*. Flosse, f., *nageoire*. verfließen, *s'écouler, échoir*. zerfließen, *fondre* (neutre). Flotte, f., *flotte*; flüssig, *liquide*. fließend, *coulant, courant*. Flüssigkeit, f., *liquide*.	ab-fließen, *écouler; découler*. aus-fließen, *couler, émaner*. durch-fließen, *traverser*. über-fließen, *déborder*. zu-, zusammen-fließen, *affluer*. ein-flößen, *inspirer*. Ein-fluß, m., *embouchure; influence*. Ueber-fluß, m., *abondance; superflu*. Zu-fluß, m., *affluence*. Fluß-pferd, n., *hippopotame*.
Frost, m., *gelée, frisson*. fröstеln, *frissonner*. Fröstling, m., *frileux*. erfrieren, *geler, mourir de froid*. gefrieren, *se geler*. Gefrornes, n., *glaces*.	ein-frieren, *être pris par la glace*. durch-frieren, *être transi de froid*. zu-frieren, *se geler* (*rivière*). Frost-beule, f., *engelure*.

Cinquième Classe (suite).

INFINITIF.	PARTICIPE PASSÉ.	IMPARFAIT DE L'INDICATIF.	IMPARFAIT DU SUBJONCTIF.
genießen. *jouir.*	genossen.	genoß.	genöße.
gießen. *verser; fondre.*	gegossen.	goß.	göße.
kriechen. *ramper.*	gekrochen.	kroch.	kröche.
riechen. *sentir.*	gerochen.	roch.	röche.
schieben. *faire glisser, pousser.*	geschoben.	schob.	schöbe.
schießen. *tirer (avec une arme).*	geschossen.	schoß.	schösse.
schliefen. *ramper.*	geschloffen.	schloff.	schlöffe.
schließen. *fermer; conclure.*	geschlossen.	schloß.	schlösse.

Radical ie. *Participe et Imparfait* o.

RADICAUX ET DÉRIVÉS.	FORMES COMPOSÉES.
genießbar, *mangeable*. Genuß, m., *jouissance*. Genoß, m., *compagnon*.	Nieß-brauch, m., *usufruit*.
Gießer, m., *fondeur*. Gießerei, f., *fonderie*; Guß, m., *fonte*. Gosse, f., *égout*, *rigole*. begießen, *arroser* (*des fleurs*). ergießen, *répandre*, *épancher*. vergießen, *verser* (*du sang*, *des larmes*).	über-, um-gießen, *transvaser*. um-gießen, *refondre* (*des canons*). Um-guß, m., *refonte*. Glocken-guß, m., *fonte de cloches*. Kanonen-guß, m., *fonte de canons*. Gieß-bach, m., *torrent*.
sich verkriechen, *se cacher*, *se blottir*. (das) kriechende Thier, *reptile*.	aus-kriechen, *éclore*.
Geruch, m., *odorat*; *odeur*. rauchen, *fumer*; Rauch, m., *fumée*. beriechen, *flairer*, *sentir*. sich verriechen, *s'éventer*. räuchern, *fumer* (*des jambons*); *faire des fumigations*.	wohl-riechend, *odorant*. Wohl-geruch, m., *parfum*. übel-riechend, *qui sent mauvais*. geruch-los, *inodore*. Riech-wasser, n., *eau de senteur*.
schief, *oblique*. verschieben, *remettre*, *différer*. Schaufel, f., *pelle*.	auf-schieben, *différer*; Auf-schub, m., *delai*. ein-schieben, *intercaler*. unter-schieben, *substituer*. Schub-karren, m., *brouette*. Schub-lade, f., *tiroir*.
Schoß, Schößling, m., *rejeton*. Schuß, m., *coup de feu*; *charge*. Schütze, m., *archer*. Schutz, m., *protection*; schützen, *protéger*. beschießen, *canonner*. erschießen, *fusiller*. verschießen, *consumer* (*les munitions*.) beschützen, *garantir*. Schützling, m., *protégé*. Geschütz, n., *pièce d'artillerie*.	ab-, los-schießen, *décharger* (*un fusil*). ein-schießen, *battre en brèche*; *enfourner*. vor-schießen, *avancer* (*de l'argent*). fehl-schießen, *rater*. Ab-schuß, m., *pente*. ab-schüssig, *qui va en pente*, *escarpé*. Schieß-pulver, n., *poudre*. Schieß-scharte, f., *meurtrière*. Freischütze, m., *franc-tireur*. Schußweite, f., *portée* (*d'un fusil*).
schlüpfen, *se glisser*. schlüpfrig, *glissant*; *difficile*.	
Schluß, m., *fermeture*; *conclusion*. Schloß, n., *serrure*; *château*. Schlosser, m., *serrurier*. Schlüssel, m., *clef*. Schleuse, f., *écluse*. Schließe, f., *fermoir*. beschließen, *résoudre*. sich entschließen, *se résoudre*. Entschluß, m., *résolution*. verschließen, *fermer à clef*. entschlossen, *résolu*.	zu-schließen, *fermer à clef*. an-schließen, *enchaîner*. auf-schließen, *ouvrir*. aus-schließen, *exclure*. ein-schließen, *enfermer*; *bloquer*. Ein-schluß, m., *parenthèse*. un-schlüssig, *indécis*. aus-schließlich, *exclusif*. Schlüssel-bein, n., *clavicule*. Schlüssel-blume, f., *primevère*. Schluß-stein, m., *clé de voûte*.

Cinquième Classe (suite).

INFINITIF.	PARTICIPE PASSÉ.	IMPARFAIT DE L'INDICATIF.	IMPARFAIT DU SUBJONCTIF.
schnieben. *souffler, haleter.*	geschnoben.	schnob.	schnöbe.
sieden. *bouillir.*	gesotten.	sott.	sötte.
sprießen. *bourgeonner, pousser.*	gesprossen.	sproß.	sprösse.
stieben. *s'en aller en poussière.*	gestoben.	stob.	stöbe.
triefen. *dégoutter.*	getroffen.	troff.	tröffe.
verdrießen. *contrarier.*	verdrossen.	verdroß.	verdrösse.
verlieren. *perdre.*	verloren.	verlor.	verlöre.
wiegen. *peser.*	gewogen.	wog.	wöge.
ziehen. *tirer; traîner; aller (troupe).*	gezogen.	zog.	zöge.

Radical ie. *Participe et Imparfait* o.

RADICAUX ET DÉRIVÉS.	FORMES COMPOSÉES.
Schnupfen, m., *rhume.* schnupfen, *priser.*	Schnupf-tuch, n., *mouchoir.* Schnupf-tabak, m., *tabac à priser.*
siedend, *bouillant.*	Seifen-sieder, m., *fabricant de savons.*
Sprosse, f., *échelon; rejeton.* Sprößling, m., *rejeton.* entsprossen, *issu.*	
Staub, m., *poussière.* stäubig, *poudreux.* Gestöber, n., *poussière de neige.* zerstieben, *réduire en poussière.*	ab-stäuben, *épousseter.* Staub-sand, m., *sable en poussière.* Nasen-stieber, m., *chiquenaude.*
träufeln, tröpfeln, *dégoutter.* Traufe, f., *gouttière;* Tropfen, m., *goutte.*	
Verdruß, m., *chagrin.* verdrießlich, *chagrin.*	un-verdrossen, *infatigable.* Ueber-druß, m., *ennui, dégoût.*
Verlust, m., *perte.* verlustig, *privé de.*	verloren geben, *désespérer de.* verloren gehen, *se perdre.*
Wiege, f., *berceau;* Wage, f., *balance.* Wucht, f., *pesanteur.* wichtig, *important;* Gewicht, n., *poids.* gewogen, *favorable.*	voll-wichtig, *qui est de poids.* Ueber-gewicht, n., *surpoids.* un-wichtig, *peu important.* wagerecht, *de niveau, horizontal.*
Zug, m., *trait; marche; train.* Zügel, m., *frein;* zügeln, *brider.* Zögling, m., *élève, disciple.* Zucht, f., *discipline; élevage.* züchtigen, *châtier.* züchtig, *chaste.* entziehen, *soustraire.* erziehen, *élever (un enfant).* verziehen, *tordre; mal élever.* Beziehung, f., *rapport.* Erziehung, f., *éducation.* beziehend, *relatif.* Verzug, m., *délai, retard.* verzogen, ungezogen, *mal élevé.* Bezug, m., *rapport, relation.* verzögern, *différer, ajourner.* Verzögerung, f., *retard.* zögern, *tarder; hésiter.*	ab-ziehen, *ôter; partir;* Ab-zug, m., *départ.* an-ziehen, *attirer; habiller.* durch-ziehen, *passer.* auf-ziehen, *ouvrir; monter (montre).* über-ziehen, *couvrir.* vor-ziehen, *préférer;* Vor-zug, m., *préférence.* voll-ziehen, *exécuter.* an-ziehend, *attrayant.* un-verzüglich, *incontinent.* zucht-los, *indiscipliné.* Ein-zug, m., *entrée.* Nach-zug, m., *arrière-garde.* Rück-zug, m., *retraite.* Ueber-zug, m., *couverture; taie; housse.* Zug-brücke, f., *pont-levis.* Zugluft, f., *courant d'air.* Zucht-haus, n., *maison de correction.* aus-ziehen, *ôter (ses habits); déménager.* zu-ziehen, *fermer (un rideau); attirer (à).* Feldzug, m., *expédition.* Aufzug, m., *acte (th.).*

§ 87. *Cinquième Classe.*

INFINITIF.	PARTICIPE PASSÉ.	IMPARFAIT DE L'INDICATIF.	IMPARFAIT DU SUBJONCTIF.
erwägen. *considérer.*	erwogen.	erwog.	erwöge.
gähren. *fermenter.*	gegohren.	gohr.	göhre.
rächen. *venger.*	gerochen. gerächt.	roch. rächte.	röche. rächte.
ſchwären. *ſuppurer.*	geſchworen.	ſchwor.	ſchwöre.
erlöſchen, *s'éteindre.* Indic. prés. : (du) erliſcheſt, (er) erliſcht. Rég. comme v. actif.	erloſchen.	erloſch.	erlöſche.
ſchwören. *jurer.*	geſchworen.	ſchwor. ſchwur.	ſchwöre. ſchwüre.
küren. *élire.*	gekoren.	kor.	köre.
lügen. *mentir.*	gelogen.	log.	löge.
trügen. triegen. *tromper.*	getrogen.	trog.	tröge.
ſaufen. *boire (des animaux).* Indic. prés. : du ſäufſt, er ſäuft.	geſoffen.	ſoff.	ſöffe.
ſaugen. *ſucer.*	geſogen.	ſog.	ſöge.
ſchnauben. *haleter.*	geſchnoben. geſchnaubt.	ſchnob. ſchnaubte.	ſchnöbe. ſchnaubte.
ſchrauben. *visser.*	geſchroben. geſchraubt.	ſchrob. ſchraubte.	ſchröbe. ſchraubte.
ſchallen. *retentir.*	geſchollen.	ſcholl.	ſchölle.

Radical ä, ö, ü, au. *Participe et Imparfait* o.

RADICAUX ET DÉRIVÉS.	FORMES COMPOSÉES.
wägen, *peser.* Erwägung, f., *considération.*	ab-wägen, *peser.*
Gährung, f., *fermentation; efferves-cence.*	
Rache, f., *vengeance.* Rächer, m., *vengeur.*	Rach-gier, f., *esprit de vengeance.* rach-gierig, *vindicatif.*
Geschwür, n., *ulcère.*	
verlöschen, *s'éteindre.*	un-auslöschlich, *ineffaçable.* Lösch-papier, n., *papier brouillard.* Lösch-horn, -hütchen, n., *éteignoir.*
Schwur, m., *serment.* beschwören, *conjurer, supplier.* Verschwörung, f., *conjuration.*	ab-schwören, *abjurer.* Ab-schwörung, f., *abjuration.* Geschwornengericht, n., *jury.*
erkoren, *élu.*	Kur-fürst, m., *prince électeur.* Kur-fürstenthum, n., *électorat.*
Lüge, f., *mensonge;* Lügner, m., *menteur.* lügnerisch, *mensonger.* — läugnen, *nier.* belügen, *mentir à quelqu'un.* erlügen, *controuver;* verläugnen, *renier.*	ab-lügen, *nier.* sich durch-lügen, *se sauver par un mensonge.* un-läugbar, *incontestable.* ab-läugnen, *désavouer, dénier.*
Betrug, m., *tromperie.* betrügen, *tromper;* Betrüger, m., *trom-peur.* trügerisch, *trompeur.*	un-trüglich, *infaillible.* Trug-bild, n., *image trompeuse, illusion.*
Säufer, m., *buveur.* sich besaufen, *s'enivrer.*	
säugen, *allaiter;* Säugling, m., *nour-risson* Säugerin, f., *nourrice.*	Säuge-thiere, n., *mammifères.*
sich schnäuzen, *se moucher.*	aus-schnaufen (rég.), *respirer, rependre ha-leine.*
Schraube, f., *vis;* verschrauben, *visser.* verschroben, *entortillé.*	ab, los-schrauben, *dévisser.* Schraubenzieher, m., *tournevis.*
Schall, m., *son.* erschallen, *retentir.* schellen (rég.), *sonner;* Schelle, *f., son-nette.*	Schall-lehre, f., *acoustique.* Schall-wort, n., *onomatopée.*

§ 88. *Cinquième Classe (Remarque).*

INFINITIF.	INDICATIF PRÉSENT ET IMPÉRATIF.	PARTICIPE PASSÉ.	IMPARFAIT DE L'INDICATIF.	IMPARFAIT DU SUBJONCTIF.
bewegen. *déterminer, mouvoir* (régulier).	régulier.	bewogen.	bewog.	bewöge.
dreschen. *battre le blé.*	du drischst, er drischt; drisch.	gedroschen.	drosch.	dröschе.
fechten. *combattre.*	du fichst, er ficht; ficht.	gefochten.	focht.	föchte.
flechten. *tresser.*	du flichtst, er flicht; flicht.	geflochten.	flocht.	flöchte.
heben. *lever.*	régulier.	gehoben.	hob.	höbe.
melken. *traire.*	régulier.	gemolken. gemelkt.	molk. melkte.	mölke. melkte.
pflegen, *tenir (conseil)*; régul. dans le sens de *soigner; avoir coutume.*	régulier.	gepflogen.	pflog.	pflöge.
quellen. *sourdre.*	du quillst, er quillt; quill.	gequollen.	quoll.	quölle.
scheren. *tondre.*	régulier.	geschoren.	schor.	schöre.
schmelzen. *se fondre. fondre* (transit. et régulier).	du schmilzest, er schmilzt; schmilz.	geschmolzen.	schmolz.	schmölze.
schwellen. *enfler* (neutre). *enfler* (transitif et régulier).	du schwillst, er schwillt; schwill.	geschwollen.	schwoll.	schwölle.
weben. *tisser.*	régulier.	gewoben.	wob.	wöbe.

Radical e. *Participe et Imparfait* o.

RADICAUX ET DÉRIVÉS.	FORMES COMPOSÉES.
bewegt, *ému, touché.* beweglich, *mobile;* verwegen, *téméraire.* Bewegung, f., *mouvement, émotion.*	un-beweglich, *immobile; inflexible.* Beweggrund, m., *mobile.*
Drescher, m., *batteur en grange.*	Dresch-flegel, m., *fléau.* Dresch-maschine, f., *machine à battre.* Dresch-tenne, f., *aire.*
Gefecht, n., *combat.* Fehde, f., *guerre, dispute.* erfechten, *gagner par les armes.*	Fecht-kunst, f., *escrime.* Fechter-gang, m., *assaut.* Fecht-meister, m., *maître d'escrime.* Fecht-boden, m., *salle d'armes.* Fecht-degen, m., *fleuret.*
Flechte, f., *tresse.*	durch-flechten, *entrelacer.* Flecht-weide, f., *osier.*
Hebel, m., *levier.* erheben, *élever.* erhaben, *sublime.* Erhebung, f., *élévation.*	ab-heben, *ôter; couper (les cartes).* auf-heben, *ramasser; abolir.* über-heben, *dispenser.* Ur-heber, m., *moteur, instigateur.*
Molke, f., *petit-lait.* Milch, f., *lait.*	Melk-, Milch-kuh, f., *vache à lait.*
Pflege, f., *soin;* verpflegen, *soigner.* Pflug, m., *charrue;* pflügen, *labourer.* verpflichten, *obliger;* Pflicht, f., *devoir.*	Pflege-sohn, m., *fils adoptif.*
Quelle, f., Quell, m., *source.*	Quell-wasser, n., *eau vive.*
Schere, f., *ciseaux.* Schur, f., *tonte.*	Scherenschleifer, m., *rémouleur.* bescheren (régul.), *donner un présent.*
Schmelz, m., *émail.* Schmalz, n., *graisse, saindoux.* Schmelzerei, f., *fonderie.*	um-schmelzen, *refondre.* Schmelz-tiegel, m., *creuset.* Schmelz-ofen, m., *fournaise.*
Schwelle, f., *seuil.* Schwulst, f., Geschwulst, f., *enflure.* Schwulst, m., *enflure du style.* schwülstig, *ampoulé.* Schwiele, f., *durillon;* schwielig, *calleux.*	an-schwellen, *enfler, grossir.* auf-schwellen, *enfler, gonfler.* Wort-schwall, m., *torrent de mots.*
Weber, m., *tisserand.* Gewebe, n., *trame.*	Weber-stuhl, m., *métier.* Weber-schiff, n., *navette.*

§ 89. *Verbes semi-réguliers.*

INFINITIF.	PARTICIPE PASSÉ.	IMPARFAIT	
		DE L'INDICATIF.	DU SUBJONCTIF.
brennen. *brûler.*	gebrannt.	brannte.	brennte.
kennen. *connaître.*	gekannt.	kannte.	kennte.
nennen. *nommer.*	genannt.	nannte.	nennte.
rennen. *courir précipitamment.*	gerannt.	rannte.	rennte.
senden. *envoyer.*	gesandt. gesendet.	sandte. sendete.	sendete.

Participe et Imparfait a.

RADICAUX ET DÉRIVÉS.	FORMES COMPOSÉES.
Brand, m., *incendie, brandon.* Brennerei, f., *distillerie.* entbrennen, *s'enflammer.* verbrennen, *se consumer.* Brandung, f., *flots qui se brisent contre les écueils; brisants.* branden, *se briser contre les rochers, déferler* (*mer*). Brander, m., *brûlot.* Brunst, f., *ardeur.* brennbar, *combustible.* unbrennbar, *incombustible.*	ab-brennen, *réduire en cendres.* aus-brennen, *cautériser.* In-brunst, f., *ardeur, ferveur.* Feuers-brunst, f., *incendie.* Brand-mal, n., *flétrissure.* Brand-kasse, f., *caisse d'assurance.* Brand-wunde, f., *brûlure.* brand-marken, *stigmatiser.* brand-schatzen, *mettre à contribution.* Brannt-wein, m., *eau-de-vie.* Brenn-holz, n., *bois de chauffage.* Brenn-ofen, m., *fournaise.* Brenn-öl, n., *huile à brûler.* Brenn-punkt, m., *foyer* (*lumineux*).
Kenner, m., *connaisseur.* Kunde, f., *notion, connaissance.* Kunde, m., *client, pratique.* kundig, *expert, instruit.* Kundschaft, f., *clientèle; reconnaissance militaire.* Kundschafter, m., *émissaire.* Kenntniß, f., *notion, connaissance.* bekannt, *connu, notoire.* bekennen, *avouer.* erkennen, *reconnaître.* verkennen, *méconnaître.* Bekenntniß, n., *aveu.* Bekanntschaft, f., *connaissance, liaison.* Erkenntlichkeit, f., *reconnaissance.* erkennbar, *reconnaissable.* verkündigen, *annoncer.* sich erkundigen, *s'informer.*	zu-erkennen, *adjuger.* Un-kunde, f., *ignorance.* Ur-kunde, f., *document.* ur-kundlich, *authentique.* un-bekannt, *inconnu.* bekannt machen, *publier.* an-kündigen, *annoncer.* auf-kündigen, *donner congé.* kenntniß-reich, *très-instruit.* un-kenntlich, un-erkennbar, *méconnaissable.* Kenn-zeichen, n., *marque distinctive.* Bekanntmachung, f., *publication.* kund thun, *faire savoir.*
benennen, *donner un nom, désigner.* ernennen, *nommer* (*à un emploi*). Benennung, f., *dénomination.* Ernennung, f., *nomination.*	ob-genannt, *sus-nommé.* un-genannt, *anonyme.* Nenn-fall, m., *nominatif.*
Rennen, n., *course.* Renner, m., *coursier.*	an-rennen, *heurter.* auf-, durch-rennen, *enfoncer.* Renn-thier, n., *renne.* Renn-pferd, n., *cheval de course* Renn-bahn, f., *carrière.* Pferde-rennen, n., *course aux chevaux.*
Sendung, f., *envoi, expédition.* Gesandte, m., *envoyé, ambassadeur.* versenden, *envoyer, expédier.* Gesandtschaft, f., *ambassade.* Sender, m., *expéditeur.*	ab-senden, *expédier.* über-senden, *transmettre.* zu-senden, *adresser à.* Ab-gesandte, m., *député.*

Verbes semi-réguliers (suite).

INFINITIF.	PARTICIPE PASSÉ.	IMPARFAIT DE L'INDICATIF.	IMPARFAIT DU SUBJONCTIF.
wenden. *tourner.*	gewandt. gewendet.	wandte. wendete.	wendete.
denken. *penser.*	gedacht.	dachte.	dächte.
bringen. *apporter; amener.*	gebracht.	brachte.	brächte.
thun. *faire; agir.*	gethan.	that.	thäte.

Participe et Imparfait a.

RADICAUX ET DÉRIVÉS.	FORMES COMPOSÉES.
Wendung, f., *tournure.* Gewand, n., *vêtement.* gewandt, *habile.* Gewandtheit, f., *habileté.* entwenden, *détourner, dérober.* wandeln, *marcher, se promener.* wandern, *marcher, cheminer.* Wanderer, m., *voyageur à pied; touriste.*	ab-wenden, *détourner.* an-, auf-wenden, *employer.* ein-wenden, *objecter.* vor-wenden, *prétexter;* Vorwand, m., *prétexte.* aus-wendig, *extérieur; par cœur.* in-wendig, *intérieur.* An-wendung, f., *emploi.* Ein-wendung, f., *objection.* un-verwandt, *immobile, fixe.* Wendel-treppe, f., *escalier tournant.* Auswanderung, f., *émigration.*
Denker, m., *penseur.* Gedanke, m., *pensée.* Dünkel, m., *présomption.* Gedächtniß, n., *(la) mémoire.* dichten, *inventer;* Dichter, m., *poète.* däuchten, dünken, *sembler.* bedenken, *réfléchir.* — Bedenken, n., *scrupule.* sich bedenken, *hésiter.* erdenken, *imaginer.* gedenken, *penser à.* Bedacht, m., *circonspection.* Verdacht, m., *soupçon.* bedachtsam, *circonspect.* verdächtig, *suspect.*	aus-denken, *imaginer.* durch-denken, *approfondir.* nach-denken, *réfléchir.* über-denken, *méditer.* An-denken, n., *souvenir.* vor-bedacht, *prémédité.* ein-gedenk, *en souvenir de.* An-dacht, f., *piété.* un-denklich, *inimaginable.* un-denkbar, *inconcevable.* Denk-mal, n., *monument.* Denkschrift, f., *(le) mémoire.* Denkmünze, f., *médaille.* Denk-lehre, f., *logique.*
verbringen, *dissiper (son argent); passer (le temps).*	auf-bringen, *irriter.* durch-bringen, *faire passer par; dissiper.* mit-bringen, *rapporter, amener.* ein-bringen, *rapporter, produire.* voll-bringen, *accomplir.* über-bringen, *remettre.* vor-bringen, *proférer.* bei-, hinter-bringen, *informer.* hervor-bringen, *produire.* um-bringen, *priver de la vie, tuer.* unter-bringen, *mettre à couvert.* zu-bringen, *passer (le temps).* zusammen-bringen, *amasser.*
That, f., *action.* Thäter, m., *auteur (d'un crime).* thätig, *actif.* thätlich, *par voie de fait.* Misse-that, f., *méfait.* Misse-thäter, m., *malfaiteur.* verthun, *dépenser, dissiper.* Thätigkeit, f., *activité.*	ab-thun, *ôter (ses vêtements).* an-thun, *mettre (ses vêtements).* auf-thun, *ouvrir.* dar-thun, *démontrer.* nach-thun, *contrefaire.* sich hervor-thun, *se distinguer.* hinzu-thun, *ajouter.* zu-gethan, *dévoué.* Unter-than, m., *sujet.* That-sache, f., *fait.* — Wohlthat, f., *bienfait.*

§ 90. *Verbes semi-réguliers,*

INFINITIF.	INDICATIF PRÉSENT	PARTICIPE PASSÉ.	IMPARFAIT DE L'INDICATIF.	IMPARFAIT DU SUBJONCTIF.
ſollen. *devoir.*	ich ſoll, du ſollſt, er ſoll.	geſollt.	ſollte.	ſollte.
wollen. *vouloir.*	ich will, du willſt, er will.	gewollt.	wollte.	wollte.
dürfen. *avoir le droit de.*	ich darf, du darfſt, er darf.	gedurft.	durfte.	dürfte.
können. *pouvoir.*	ich kann, du kannſt, er kann.	gekonnt.	konnte.	könnte.
mögen. *vouloir* et *pouvoir.*	ich mag, du magſt, er mag.	gemocht.	mochte.	möchte.
müſſen. *falloir.*	ich muß, du mußt, er muß.	gemußt.	mußte.	müßte.
wiſſen. *savoir.*	ich weiß, du weißt, er weiß.	gewußt.	wußte.	wüßte.

auxiliaires des modes.

RADICAUX ET DÉRIVÉS.	FORMES COMPOSÉES.
(das) Soll und Haben, *le doit et avoir.*	
Wille, m., *volonté.* willig, *de bon gré.* bewilligen, *accorder.* Bewilligung, f., *concession.*	ein-willigen, *consentir.* Ein-willigung, f., *consentement.* will-fahren, *condescendre.* Un-wille, m., *indignation; dépit.* un-willig, *fâché.* frei-willig, *spontané.* Will-kür, f., *arbitraire.* will-kürlich, *arbitraire; despotique.* Wohlwollen, n., *bienveillance.*
dürftig, *nécessiteux.* Bedarf, m., *ce dont on a besoin.* bedürfen, *avoir besoin de.* bedürftig, *indigent.* Bedürfniß, n., *besoin.*	
Kunst, f., *art;* Künstler, m., *artiste.* künsteln, *raffiner.* erkünsteln, *inventer, feindre.* erkünstelt, *emprunté.* künstlich, *artificiel; ingénieux.* künstlerisch, *d'artiste, artistique.*	aus-künsteln, *inventer.* Kunst-fleiß, m., *industrie.* Kunst-werk, n., *œuvre d'art.* kunst-reich, *ingénieux.* Kunstrichter, m., *critique (d'art).*
Macht, f., *pouvoir.* mächtig, *puissant.* möglich, *possible.* vermögen, *pouvoir.* vermöge, *en vertu de.* Vermögen, n., *pouvoir; fortune.*	un-möglich, *impossible.* All-macht, f., *toute-puissance.* Ohn-macht, f., *faiblesse, évanouissement.* Ueber-macht, f., *prépondérance.* Voll-macht, f., *plein pouvoir.* Eigen-macht, f., *pouvoir arbitraire.*
Wissen, n., *savoir.* Witz, m., *esprit;* witzig, *spirituel.* witzeln, *courir après l'esprit.* Witzling, m., *bel esprit.* Weise, m., *sage;* Weisheit, f., *sagesse.* weisen, *montrer.* Wissenschaft, f., *science.* wissentlich, *sciemment.* gewiß, *certain.* Gewissen, n., *conscience.* gewissenhaft, *consciencieux.* Gewissenhaftigkeit, f., *scrupule.* bewußt, *conscient.*	un-gewiß, *incertain.* un-bewußt, *à l'insu de.* un-wissend, *ignorant.* Un-wissenheit, f., *ignorance.* gewissen-los, *sans conscience.* Vor-witz, m., *curiosité indiscrète.* bewußt-los, *sans connaissance.* vorwitzig, *indiscret.*

§ 91. *Verbes partiellement irréguliers.*

INFINITIF.	PARTICIPE PASSÉ.	IMPARFAIT.
spalten, *fendre.*	gespalten.	spaltete.
mahlen, *moudre.*	gemahlen.	mahlte.
salzen, *saler.*	gesalzen.	salzte.
glimmen, *brûler sans flamme, couver (sous les cendres).*	geglommen, geglimmt.	glimmte.
klimmen, *gravir.*	geklommen, geklimmt.	klimmte.
beklemmen, *oppresser.*	beklommen.	beklemmte.
falten, *plier.*	gefalten, gefaltet.	faltete.

TROISIÈME PARTIE.

EXERCICES SUR LES VERBES IRRÉGULIERS

ET LEURS PRINCIPAUX COMPOSÉS.

PREMIÈRE CLASSE (1re CATÉGORIE).

VERBES SIMPLES.

Exercices écrits.

Version écrite.

In dem ganzen Flecken kann man kein frisch **gebackenes** Brod haben. — Wie schnell wird jetzt **gefahren**! in einigen Stunden **fährt** man jetzt von Straßburg nach Paris; ehemals **fuhr** man einige Tage und Nächte, um denselben Weg zu machen. — Man **gräbt** desto tiefer, je höher man bauen will. — Achtung! das Gewehr **geladen**[1]. — Gott hat den Menschen nach seinem Ebenbild **geschaffen**. — Unsere tapfern Soldaten **schlugen** sich einen Weg durch den Feind. — Das ist ein Mann, der das Herz auf dem rechten Fleck[2] **trägt**. — Diesem Helden **wächst** der Muth mit der Gefahr. — Eine Hand **wäscht** die andere.

Thème écrit.

Ce boulanger *cuit* deux fois par jour[3]. — A la campagne, nous nous *promenons* tous les jours[4] *en voiture*. — Pour se mettre à l'abri d'une surprise[5], les soldats romains *creusaient* un fossé autour de leur camp. — La voiture *chargée* de[6] pierres avançait[7] péniblement sur cette route fangeuse. — La première époque vous présente[8] un grand spectacle : Dieu qui *crée* le ciel et la terre par sa parole. — Rien d'humain ne *battait* sous son épaisse armure[9]. — Le méchant a beau fuir[10] le châtiment, il le *porte* partout avec lui. — Le blé *croît* aujourd'hui là où *croissaient* des herbes inutiles. — Peut-être ferez-vous un jour quelque action d'éclat qui vous *lavera*[11] de tout soupçon.

1. Geladen, le participe passé pour l'impératif. — 2. Der Fleck, l'endroit. — 3. Par jour, täglich. — 4. Chaque jour (*accus.*). — 5. Sich vor einem Ueberfall zu schützen. — 6. Mit. — 7. Avancer, vorrücken. — 8. Présenter, darstellen. — 9. Harnisch, *m.* — 10. Fuit en vain. — 11. Laver (*fig.*), rein waschen.

Exercices parlés.

Version parlée.

Ist das Brod gebacken? — Nein, noch nicht, es bäckt noch im Ofen. Wo fährst du hin? — Ich fahre auf das Land; fährst du mit? — Ja, recht gern. — Sind Sie diesen Weg schon gefahren? — Fahre wohl, muthiger Reisender. — Wer Andern eine Grube gräbt, fällt selbst hinein. — Ist deine Flinte geladen? — Sie ist mit bloßem Pulver geladen. — Eine geladene Flinte darf man nicht mit sich in den Wagen nehmen. — Gott hat uns Alle aus demselben Stoffe geschaffen. — Ach! wie schlägt mir das Herz bei dem Anblick seiner Schmerzen! — Wie viel Uhr ist es? — Es hat so eben eins geschlagen. — Der Bauer schlug den Fuchs todt[1]. — In welches Haus hat der Donner gestern geschlagen? — Hast du alle meine Briefe auf die Post getragen? — Dieser Boden trägt jährlich zweimal. — Es wüchse Alles schneller, wenn es mehr regnete. — Man muß nicht höher fliegen wollen, als Einem die Flügel gewachsen sind. — Unkraut wächst immer. — Haben Sie ihm den Kopf gewaschen?

Thème parlé.

Aimez-vous le pain *frais*[2]? En voici[3]. — Merci, je crois qu'il n'est pas assez *cuit*. — Je me *promènerais* volontiers *en bateau*, si je savais[4] nager et ramer. — Le malheureux! il *creuse* sa tombe de ses propres mains[5]. — Avant d'entrer[6] dans la forêt, les voyageurs *chargèrent* leurs fusils. — En combien de jours Dieu *créa*-t-il le monde? — Dieu *créa* le monde en six jours et se reposa le septième. — Le tambour *bat* la retraite[7], il est temps de nous retirer[8]. — Vous êtes-vous *battus* au[9] pistolet ou à[9] l'épée? — Le chien lèche la main de celui qui le *frappe*. — Que *portes*-tu là? — Je *porte* une lettre à la poste. — Je te serais bien obligé[10] si tu *portais* aussi celles-ci. — Cette étoffe ne se *porte* plus[11]. — Votre fils a[12] bien *grandi* depuis quelque temps. — A chemin battu[13], il ne *croît* point d'herbe. — Pourquoi ce linge est-il si mal *lavé*? — Lui qui m'a perdu[14] par ses conseils[15], m'abandonne maintenant et s'en *lave* les mains[16].

1. Todtschlagen, assommer. — 2. Mangez-vous volontiers du pain fraichement cuit? — 3. Hier ist welches. — 4. Si je pouvais (*subj.*). — 5. Soi-même. — 6. Avant qu'ils entrassent (*indic.*). — 7. Zapfenstreich, *m.* — 8. Se retirer, sich zurückziehen. — 9. Auf (*acc.*). — 10. Sehr verbunden. — 11. N'est plus portée. — 12. Ist. — 13 Auf betretenem Weg. — 14. Perdre, in's Verderben bringen. — 15. *Singulier*. — 16. S'en laver les mains, sich die Hände in Unschuld waschen..

VERBES DÉRIVÉS ET COMPOSÉS.

Exercices écrits.

Version écrite.

Endlich wurde der Wind günstig und wir *fuhren* dem Lande *zu*. — Der Fürst kam in seinem Wagen *angefahren*. — Sie haben diese Klippe mit einem leichten Kahne *umfahren*. — Die Söhne *gruben* nun Jahr ein Jahr aus[1] des Schatzes immer mehr *heraus*. — Er wurde ohne Klang und Gesang *begraben*. — Wir haben zu diesem Familienfest nur unsere vertrautesten Freunde *eingeladen*. — Gerechtigkeitsliebe ist eine Tugend, welche den Herrschern Liebe und Achtung *verschafft*. — Zu unserm Besten[2] *schlägt* uns oft Gott unsere Bitten *ab*. — Sind's Räuber die ihn feig *erschlagen*[3]? — Dieser Umstand *trug* viel zur Bestimmung seiner nachherigen Laufbahn *bei*. — Es ist unmöglich solches in eine fremde Sprache *überzutragen*. — Die fremde Herrschaft *erträgt* jedes Volk mit Unwillen. — Die Sache[4] wurde diesem Advokaten zur Ausführung *angetragen*. — Der wackere Bürger *trägt* das Seinige zur Vertheidigung des Vaterlands *bei*.

Thème écrit.

Un avare avait *enfoui* son argent; mais un mauvais voisin, qui le vit, *déterra* le trésor et mit une pierre à la place. — L'honnête homme *porte* ces belles paroles *gravées* dans son cœur : plutôt mourir que (de) mentir. — Le renard *invita* la cigogne à[5] souper et lui *servit* dans un plat un brouet clair[6] dont[7] elle ne put rien goûter[8]. — Deux mulets cheminaient, l'un d'avoine *chargé*, l'autre *portant* l'argent de la gabelle[9]. — L'ennemi a été *repoussé* jusque dans ses retranchements. — D'[10]un coup de sabre, Pépin *abattit* la tête du lion. — Ses malheurs n'avaient point *abattu* son courage. — De toutes les inventions, (celle de) l'imprimerie[11] a *contribué* le plus[12] à répandre les lumières[13]. — L'instruction *contribue* à[14] notre félicité et à celle des autres. — Que l'homme *supporte* l'adversité avec courage. — Villars disait souvent : Les deux plaisirs les plus vifs que j'aie ressentis dans ma vie ont été[15] le premier prix que j'ai *obtenu* au[16] collège et la première victoire que j'ai *remportée*[17] sur l'ennemi.

1. Bon an, mal an. — 2. Pour notre bien. — 3. Sous-entendu haben. — 4. La cause. — 5. Zum. — 6. Dünn. — 7. Wovon. — 8. Genießen. — 9. Salzsteuer, *f.* — 10. Mit. — 11. Buchdruckerkunst, *f.* — 12. Am meisten dazu. — 13. Aufklärung, *f.* (*sing.*). — 14. Zu. — 15. Furent. — 16. Dans le... — 17. remporter (*une victoire*), davontragen über (acc.) *sur*.

Exercices parlés.

Version parlée.

Dein Vetter fragt ob du heute *ausfahrest*; wenn du bald *fährst*, wird er *mitfahren*. — Du *verfährst* zu streng gegen dieses Kind. — Ich mußte eine Stunde warten, bis die Post *abfuhr*. — Es ist mir ein großes Unglück *widerfahren*. — Von dem, was wir wissen, *erfahre* der Vater nur Weniges. — Dein Andenken liegt tief in meinem Herzen *eingegraben*. — Das Wetter *ladet* zum Spaziergange *ein*, kommen Sie mit uns? — Dieser junge Mensch ist mit Schulden *beladen*. — Man *verschafft* sich dieses Buch nicht leicht. — In sechs Tagen hat Gott Himmel und Erde *erschaffen*. — Die Pferde *beschlagen*, und schnell *fortgefahren*! — Ich habe sein Anerbieten nicht *ausgeschlagen*. — Das Essen, mein Herr, ist *aufgetragen*. — Was hat sich während meiner Abwesenheit *zugetragen*? — Dieses Amt *trägt* ihm mehr Ehre als Geld *ein*. — Hier ist Ihr Geld; es *beträgt* zehn Gulden. — Die Katze ist, sagte der französische Plinius, Büffon, in seiner Naturgeschichte, ein schädliches Thier, *erschaffen* ein andres noch schädlicheres zu vertilgen.

Thème parlé.

J'espère qu'il ne vous est rien *arrivé de fâcheux*. — Il n'est que trop vrai qu'un grand malheur nous est *arrivé*; mais que mon père (n'en) *apprenne* rien. — *Continuons* notre lecture[1]. — N'avez-vous rien *appris* de nouveau? — L'avare *enfouit* son âme avec son trésor. — Vous êtes trop paresseux, je ne crains pas que vous vous *surchargiez* la mémoire. — Qu'est-ce qui me *procure* le plaisir de vous voir aujourd'hui? — (C'est) par[2] fierté (qu')il *refuse* tous les secours que lui offrent ses amis. — Vous avez *aboli* les lois de la servitude, mais vous n'avez pas *aboli* la servitude. — Souvent une douleur profonde *abat* notre âme. — Le dîner fut *servi* à six heures, et à huit heures et demie nous sortîmes[3] de table. — Combien vous *rapporte* cette propriété par an[4]? — Elle m'a *rapporté* 5,000 francs l'année passée. — Il s'est *passé* ici bien des choses depuis votre départ[5]. — Vous vous êtes bien mal *conduit* à l'égard[6] de votre bienfaiteur. — Ils ne se sont pas toujours aussi bien *accordés*[7]. — (Il n'y a) rien (qui) *contribue* plus que l'amitié à la douceur de la vie[8]. — L'égoïsme ne *supporte* jamais rien.

1. Tournez : de lire. — 2. Aus. — 3. Sortir de table, von Tische gehen. — 4. Jährlich. — 5. Abreise *f.* — 6. Gegen (*acc.*). — 7. S'accorder, sich vertragen. — 8. Tournez : à une douce vie.

PREMIÈRE CLASSE (2e CATÉGORIE).

VERBES SIMPLES.

Exercices écrits.

Version écrite.

Am Morgen wurde früh zum Angriff *geblasen*. — Die *gebratenen* Tauben fliegen ihm in den Mund. — Auf dem Roste *brieten* Fische, die wir an der Angel *gefangen* hatten. — Sobald das Gebäude steht, *fällt* das Gerüste [1]. — Und eher nicht erfolgt des Kampfes Ende, Als bis der letzte Mann *gefallen* ist. — Die versöhnten Brüder *fielen* einander in die Arme. — Der Baum *fällt* nicht auf einen Hieb. — Nach Frankreich zogen zwei Grenadier, die waren in Rußland *gefangen*. — Wie *gefangen*, so *gehangen*. — Unser Regiment hat sich tapfer *gehalten*. — Oft *hängt* die größte Begebenheit an dem kleinsten und zartesten Faden. — Mein Auge, sprach der Poet, *hing* an deinem Angesicht, an deines Himmels Harmonie mein Ohr. — Ein treuer Hirt *läßt* sein Leben für seine Schafe. — Schwer verwundet *ließ* der General den Degen *fallen*, den er in der Hand *hielt*. — Ich habe Ihnen wohlmeinend *gerathen*. — Wie man sich bettet, so *schläft* man.

Thème écrit.

Un vent frais *souffle* ici sur le bord de la mer et tempère l'ardeur du soleil. — Le mouton est à[2] la broche, mais il n'est pas encore *rôti* à point[3]. — Le *prisonnier* n'est plus notre ennemi. — Il est bien plus glorieux de se relever ainsi que de n'être jamais *tombé*. — Dans les lacs[4] de la chèvre un cerf se trouva[5] *pris*. — Celui qui *tient* la chaîne n'est pas beaucoup plus libre que celui qui la *porte*. — « O roi, dirent ces vieillards, nous *tenons*, comme tu vois, dans une main l'épée et dans l'autre une branche d'olivier (en effet, ils *tenaient* l'une et l'autre dans leurs mains); voilà la paix et la guerre : choisis. » — Au-dessus de[6] la tête de Damoclès *était suspendue* à[7] un crin léger[8] une épée lourde et tranchante. — Ses occupations ne lui *laissaient* pas un moment de repos. — Aimez[9] qu'on vous *conseille* et non pas qu'on vous loue. — Il *dort* du sommeil[10] des justes. — Pendant que l'innocence veille et *dort* en paix, le crime ne veille et ne *dort* que dans le tourment[11].

1. L'échafaudage. — 2. An. — 3. Assez. — 4. Lacets. — 5. Fut. — 6. Ueber. — 7 An — 8. Fein. — 9. Höret gern. — 10. *Accusatif*. — 11. In peinlicher Unruhe.

Exercices parlés.

Version parlée.

Heftig *blies* der Nordwind und häufig *fielen* die Blätter von den Bäumen. — Was hat er dir in's Ohr *geblasen*? — Wollen Sie *gebratenes* Fleisch oder *gebratene* Fische? — Für mich zum Nachtisch hat die Tante einen Apfel *gebraten*. — Das Loos ist *gefallen*. — Das *fällt* ja in die Augen. — Laufe nicht so schnell, damit du nicht *fallest*. — Ostern *fällt* in diesem Jahr auf den ersten April. — Die Rhone *fällt* in das mittelländische Meer. — Der Barometer *fällt*, es wird morgen Regen geben. — Wer zwei Hasen hetzt, *fängt* keinen. — Man *hält* ihm das Messer an der Kehle. — Die niedersächsische Mundart wird für die beste *gehalten*. — Alle Blicke *hingen* an den Lippen des Redners. — Kleine Diebe *hängt* man; die großen *läßt* man laufen. — Wer hat dir *gerathen* so thöricht zu handeln? — Er *läßt* nicht mit sich scherzen. — Das *läßt* sich besser sagen als thun. — Du fragst immer, was man dir *rathe*; aber du thust nie was man dir räth. — Haben Sie wohl *geschlafen*? — Nicht sehr wohl; ich *schlafe* nicht mehr so gut als ich ehemals *schlief*. — Wer *schläft*, den hungert nicht.

Thème parlé.

Nous ferions une promenade si le vent ne *soufflait* pas si fort. — Garçon[1], servez-nous un poulet *rôti* au[2] cresson. — La pomme ne *tombe* pas loin de l'arbre. — Malheureux, en quelles mains es-tu *tombé!* — J'essayai de tirer, mais la poudre ne *prit* pas feu. — Tel[3] est *pris*, qui croyait *prendre*. — Est-ce ainsi que tu *tiens* ta parole? — Pour qui me *prends*[4]-tu? — Je te *prenais* pour un homme d'honneur, mais je vois que je m'étais trompé[5]. — L'honnête homme *tient* toujours sa parole. — De sombres nuages *étaient suspendus* au-dessus de la ville, et un terrible orage allait éclater[6]. — Écris-moi plus souvent, mon ami; je serais bien aise[7] si tu ne me *laissais* pas si longtemps sans nouvelles. — Vous a-t-on *conseillé* d'accepter ce poste[8]? — Je ne sais qui écouter, l'un me *conseille* ceci, l'autre me *conseille* cela; que me *conseilles*-tu (de faire)? — Tu *dormais* encore lorsque nous partîmes. — Tu *dormirais* mieux si tu étais plus modéré[9] en toutes choses. — On ne *dort* pas, dit-il, quand on a tant d'esprit.

1. Kellner, *m.* — 2. Mit. — 3. Mancher. — 4. Prendre, halten... für. — 5. Se tromper, sich täuschen. — 6. Devait bientôt éclater (ausbrechen). — 7. Sehr erfreut. — 8. Stelle, *f.* — 9. Se modérer, sich mäßigen.

VERBES DÉRIVÉS ET COMPOSÉS.

Exercices écrits.

Version écrite.

Der beste Mensch kann nicht in Frieden bleiben, wenn es seinem bösen Nachbar nicht *gefällt*. — Das Glück *fällt* ihm im Schlafe *zu*. — Man *empfängt* den Gast nach seinem Kleide, und begleitet ihn nach seinem Verstande. — Was man früh und froh *anfängt*, ist bald geendigt. — Die Armuth allein *hielt* ihn von diesem Vorhaben *ab*. — Zwei *verhält* sich zu vier, wie vier zu acht. — Gott *erhalte* die Königin und schenke Ihr eine glückliche Regierung! — Er *behielt* in dieser augenscheinlichen Todesgefahr seine ganze Gegenwart des Geistes. — Nur die Hoffnung *erhält* ihn noch am Leben. — Richtige Rechnung *erhält* die Freundschaft. — Von dem bloßen Wort eines Höflings *hängt* oft das Loos eines Volkes *ab*. — Ich habe nichts *unterlassen*, was zu ihrem Glücke beitragen konnte. — Mancher Lügner *verräth* sich selbst. — Wie aber, wenn ich Ihr Geheimniß *erriethe*? — Keiner *verrathe* ein anvertrautes Geheimniß.

Thème écrit.

La prospérité ne l'avait pas *enflé*, l'adversité ne l'abattit pas. — La première part me *revient*, parce que je suis le lion. — Le corps *tombe* en poussière, tandis que l'âme est immortelle. — Nous fûmes *surpris* par un terrible orage : les vents *déchaînés* mugissaient avec fureur dans les voiles, les ondes noires battaient les flancs du navire. — Sa modestie et son aménité *plurent* à tout le monde. — L'homme *commence* à souffrir dès qu'il *commence* à vivre. — Le vainqueur *accueillit* le roi prisonnier avec les plus grands égards[1]. — *Entretiens* la santé du corps[2] pour *conserver* celle de l'esprit[2]. — Tout *reçoit* son salaire sur cette terre. — En six jours, Dieu créa l'univers et tout ce qu'il *renferme*. — Chaque goutte d'eau *contient* des milliers d'êtres animés. — Henri IV considérait l'éducation comme[3] une chose d'où[4] *dépendait* le bonheur des peuples et des États. — Quand tout *abandonne* l'homme dans le malheur ou à[5] l'heure de la mort, l'espérance lui reste. — Tous ses vrais amis le *dissuadèrent* de faire la guerre dans[6] des conditions si défavorables[7].

1. Hochachtung, *f.* (*sing.*). — 2. Un corps... un esprit sain. — 3. Considérer... comme betrachten... als. — 4. Wovon. — 5. In. — 6. Bei. — 7. Ungünstig.

Exercices parlés.

Version parlée.

Dieses Wort hat mir weder *gefallen*, noch *mißfallen*. — Es ist mir nie *eingefallen*, diese Beleidigung ernsthaft zu nehmen. — Er ist seiner ganzen Länge nach[1] *hingefallen*. — Kindern und Narren *gefällt* Lärm. — Wann *empfingt* Ihr diese Nachricht? — Das Wetter *fängt* an schön zu werden. — Ich glaube nicht, daß du den ersten Preis *erhieltest*, wenn dein Freund dir ihn streitig machen[2] wollte. — Ein Neuling wie du sollte sich des Mitsprechens *enthalten*. — Wo *hältst* du dich in der Stadt *auf*? — Man thut wohl, wenn man *behält*, was man hat. — Du hast den schönsten Ruf *erhalten*, den du wünschen konntest. — Wir wurden durch ungünstige Winde *aufgehalten*. — Der Feldherr *erhielt* einen Schuß durch das Herz. — Mein Gedächtniß *verläßt* mich. — Sie haben gut *angefangen*, *fahren* Sie so fort. — *Mitgefangen*, *mitgehangen*. — Ich bin von Gott und der Welt *verlassen*! — Verzage nicht, Gott *verläßt* die nicht, die auf ihn hoffen. — Man hat ihn seiner Dienste *entlassen*. — Bald hätte ich mich *verrathen*!

Thème parlé.

Connaissez-vous cet homme? — Oui, je le connais; mais son nom ne me *revient* pas. — Vous avez été au théâtre hier, dites-moi si la nouvelle pièce vous a *plu*. — Ceux à qui personne ne *plaît*, ne *plaisent* ordinairement à personne. — Tu *commences* toujours ton devoir trop tard. — J'avais terminé ma lettre avant que tu eusses *commencé* la tienne. — L'hiver approche[3], il *commence* déjà à faire[4] froid. — Nous avons enfin *reçu* les nouvelles que nous attendions depuis si longtemps. — La ville de Londres *renferme* plus de[5] trois millions d'habitants. — Quel est ce bruit[6]? — On *arrête* un voleur qui s'enfuit. — On est souvent *arrêté* en[7] voyage malgré soi[8]. — Depuis ton départ[9], nous ne nous sommes *entretenus* que de toi. — En vous *congédiant*, vous a-t-il *laissé* quelque espérance? — Aucune. — Le malade s'est enfin *endormi*; retirons-nous, qu'il *dorme* en paix[10]! — J'ai été *trahi*, parce que j'ai été trop confiant[11]. — Je me suis tu devant lui, parce que je craignais qu'il ne *trahît* mon secret.

1 De tout son long. — 2. Streitig machen, disputer, contester. — 3. Approcher, herankommen. — 4. Devenir. — 5. Que. — 6. Lärm, *m*. — 7. Auf. — 8. Contre sa volonté. — 9. Abreise. — 10. en paix, ungestört. — 11. confiant, treuherzig.

PREMIÈRE CLASSE (REMARQUE).

VERBES SIMPLES.

Exercices parlés.

Version parlée.

Einige Stunden lang hieben sich unsere Reiter mit den Feinden herum, bis endlich die Nacht die Streiter trennte. — Das Haupt des unschuldigen Märtyrers wurde vom Rumpf gehauen, und in einem Gefäß der Herodias dargeboten. — Warum weint dieses Kind? — Es hat sich in den Finger gehauen. — Da kommt ein Mann in voller Hast gelaufen. — Du kommst wie gerufen. — Wer ruft mir? — Dir ruft der Tod. — Ich kenne diesen Mann gut, aber ich kann mir seinen Namen nicht in's Gedächtniß rufen. — Unsere Wohnung stößt auf die lange Straße. — Er fiel aus[1] und stieß seinem Gegner den Degen durch den Leib. — Diese Flinte stößt, können Sie mir eine andere geben? —

Wie weit er auch späht und blicket,
Und die Stimme, die rufende schicket,
Da stößet kein Nachen von sicherm Strand.

Arbeit heißt Reichthum. — Ich habe erfahren, was es heißt, eine solche Arbeit zu unternehmen. — Wer hat dir das geheißen? — Sie selbst. — Das heißt gelogen.

Thème parlé.

A[2] cette violente insulte, il le *frappa* de[3] sa cravache au[4] visage. — Après la bataille de[5] Marathon, un soldat *courut* d'[6] un trait à Athènes et expira en annonçant la victoire aux magistrats[7]. — Heureux celui qui ne *court* pas après les richesses. — Attention! on *appelle* aux armes[8]. — Pourquoi n'êtes-vous pas venu ici quand je vous ai *appelé?* — Qui a *appelé* au[9] secours? — Un vent impétueux *poussa* notre vaisseau sur les écueils. — *Cours* vite chercher le médecin, ton frère s'est *heurté* contre[10] une pierre, est tombé et s'est blessé à[11] la tête. — Que *signifie* cela[12]? cela *s'appelle* une folie en[13] bon français. — Je vous ai *dit*[14] de vous taire; je ne vous le *dirai* pas une seconde fois. — Que fais-tu là? — Monsieur, je fais ce que vous m'avez *commandé*[14]. — Dis-moi comment tu *t'appelles*, et ne me cache pas ton vrai nom. — Muller est mon nom; je ne me suis jamais *appelé* autrement.

1. Ausfallen, se fendre (escrime). — 2. Bei. — 3. Mit. — 4. In (*accus.*). — 5. Bei. — 6. In. — 7. Obrigkeit, *f.* (*sing.*). — 8. In's Gewehr. — 9. Um. — 10. An. — 11. An. — 12. Was soll das heißen? — 13. Auf. — 14. Heißen.

VERBES DÉRIVÉS ET COMPOSÉS.

Exercices écrits.

Version écrite.

Ein Pilger klagte, weil ihn seine wunden und matten Füße schmerzten; er wurde aber klug, als er einen Mann sah, dem beide Füße *abgehauen* waren. — Wie ist Ihr Streit *abgelaufen*? — Er *lief* besser *ab*, als ich es hoffte. — Wenn das Maß voll ist, *läuft* es *über*. — Die Erde *durchläuft* ihre Bahn in einem Jahre. — Bei diesem Anblick *überlief* ihn ein Schauer. — Er hatte seine Heldenbahn *durchlaufen*. — Alle streitbaren Männer sind *aufgerufen* worden. — Ich *berufe* mich auf Ihre Entscheidung, ehe ich ein höheres Gericht *anrufe*. — Bei den alten Franken wurde der tapferste Anführer auf einem Schilde um's Lager getragen und zum Könige *ausgerufen*. — Er *ruft* die Menschen *an*, die Götter, sein Flehen dringt zu keinem Retter. — Es wurde mehrmals mit den Gläsern *angestoßen* und auf Ihre Gesundheit getrunken. — Dieser freche, heuchlerische Mensch ist schimpflich aus unserer Gesellschaft *ausgestoßen* worden. — Der Verbannte war von Gott und der Welt *verstoßen*.

Thème écrit.

Notre cavalerie a *taillé en pièces* une partie de l'infanterie ennemie. — Quel est le sculpteur qui a *taillé* ce superbe groupe dans le marbre? — Autrefois, on *coupait* la main aux assassins avant de leur *trancher*[1] la tête. — Le soleil *parcourt* les douze signes du Zodiaque[2] en 365 jours, 5 heures et environ 49 minutes. — Le traître a *passé* à l'ennemi. — Plusieurs criminels se sont *échappés* du bagne[3]; ils ont pris un bateau et sont *sortis* du port; des marins se sont *mis à leur poursuite*[4]; plusieurs heures se sont *écoulées*, et ils ne sont pas encore revenus. — Dès qu'on eut *rappelé à elle*[5] cette pauvre mère, elle demanda[6] son enfant. — Nous *poussâmes* des cris de triomphe en voyant l'ennemi prendre la fuite[7]. — Je le *poussai* dehors et fermai la porte. — Tout à coup, l'orateur *resta court* et ne *retrouva*[8] plus un seul mot de son beau discours. — Ce que Dieu a *promis* s'est vérifié[9] toujours.

1. Avant qu'on leur tranchât. — 2. Thierkreis, *m.* — 3. Aus den Galeeren. — 4. Ont couru après eux. — 5. wieder zu sich gerufen. — 6. Fragen nach, — 7. fuir. — 8. In's Gedächtniß rufen. — 9. Bewährt.

DEUXIÈME CLASSE (1re CATÉGORIE).

VERBES SIMPLES.

Exercices écrits.

Version écrite.

Ehrfurcht *befiehlt* die Tugend auch im Bettlerkleid. — Er *empfahl* seine Seele Gott und gab den Geist auf[1]. — Sein ruhiges Aeußere *birgt* glühende Rache. — Heftiger schien die Sonne, und überall *barst* die Eisdecke der Flüsse. — Die Bäume *brachen* unter der Last des Obstes. — Noth *bricht* Eisen. — Heuchler, *erschrick* vor dem Richterstuhle Gottes! — Den *schreckt* der Berg nicht, wer darauf geboren. — Es *galt* den Kriegern Sieg oder Tod. — Vor Gott *gilt* keiner mehr als der andere. — Die Unglücklichen! sie *halfen* selbst die Ketten schmieden, mit denen sie einst gefesselt werden sollten! — Was von allen deinen Schätzen dein Herz am höchsten mag ergötzen, das *nimm* und *wirf's* in dieses Meer. — Die Gefahr *nimmt* dem Menschen alle Besinnung. — Er *nahm* diese Worte zu Herzen. — Ein Esel *schilt* den andern Langohr. — Wer vor dir von andern schlecht *spricht*, der *spricht* auch vor andern schlecht von dir.

Thème écrit.

Dieu ne *commande* rien d'impossible aux hommes; il leur a *commandé* de s'aimer les uns les autres[2]. — Dieu *cacha* un trésor dans le travail. — La grenouille s'enfla tant qu'elle *creva*. — Le roseau plie et ne *rompt* pas. — « Les roses que l'on a *cueillies*[3] le matin sont fanées[4] le soir; » ainsi *parla* le vieillard d'[5]une voix *cassée*. — L'honneur *vaut* à mes yeux[6] plus que la vie. — A qui se lève matin, Dieu *aide* et prête la main[7]. — Que chacun *prenne* ce qui lui appartient. — Deux mille hommes furent *faits prisonniers*[8] dans cette bataille. — Ils se sont *injuriés* en pleine[9] rue. — Combien de fois *parle*-t-on de choses que l'on ne comprend pas! — Si vous *parliez* allemand, vous pourriez montrer les curiosités[10] de notre ville à cet étranger.

1. Den Geist aufgeben, rendre l'âme, expirer. — 2. Einander. — 3. Cueillir, brechen. — 4. Se faner, verwelken. — 5. Mit. — 6. Mir. — 7. Prêter la main, an die Hand gehen. — 8. Faire prisonnier, gefangen nehmen. — 9. Au milieu de, mitten auf. — 10. Merkwürdigkeiten.

Exercices parlés.

Version parlée.

Das Vaterland *befiehlt*, ich muß gehorchen. — Wer hat ihn *empfohlen*? — Niemand; *empfiehlt* er sich nicht selbst? — Mein Bruder *empfiehlt* sich Ihnen bestens. — Wie geht's ihm? — Ich danke, er ist wohl *geborgen*[1]. — Bald wäre er vor Neid *geborsten*! —

Mein Sohn, was *birgst* du so bang dein Gesicht? —
Siehst, Vater, du den Erlkönig nicht?

Dieses Elend *brach* mir das Herz. — Der Krug geht so lange zu Wasser, bis er bricht. — Warum bist du denn so *erschrocken*? was hat dich *erschreckt*? — Wenn es dein Vermögen *gälte*, wie es das meinige *gilt*, so wärest du nicht so ruhig. — Ein Prophet *gilt* nichts in seinem Vaterlande. — Haben Sie ihm aus dem Irrthum *geholfen*? — Nichts *half*, weder Bitte noch Drohungen. — Hier *hilft* kein Rath! *helf'* dir Gott! — Du allein *nahmest* Theil an meinem tiefen Schmerze. — Du *nimmst* es dem Einen, um es dem Andern zu geben. — Sie würden sehr verlegen sein, wenn ich Sie beim Worte *nähme*. — Er *schalt* dich einen Narren, und doch nanntest du ihn einen Freund. — Haben Sie unsern Freund schon *gesprochen*, seit er von seiner Reise zurückgekehrt ist? — Hier wird deutsch *gesprochen*.

Thème parlé.

La justice *commande* de respecter[2] les biens d'autrui. — J'ai acheté les livres allemands que vous m'aviez *recommandés*. — Chacun, sous une apparence de zèle[3], *cache* son ambition. — Ton frère est tombé sur la glace et s'est *cassé* la jambe. — Tu *as peur* de[4] tout, même de ton ombre. — Sous le règne de Henri IV, le sucre *valait* quinze francs la livre. — *Aide*-toi, le ciel t'aidera. — Dans nos études, quand mon thème était fini, je lui *aidais* à faire le sien. — As-tu *pris* ce qui t'appartient? — *Prends* ton chapeau et suis-moi. — Depuis quand *parles-tu* l'allemand? — Je l'ai appris depuis deux ans et l'ai *parlé* presque tous les jours avec un Allemand de naissance[5]. — Tu as fait de grands progrès; tu le *parles* déjà assez couramment[6].

1. Il est bien établi, il est heureux. — 2. Schonen. — 3. Unter dem Schein des Diensteifers. — 4. Vor. — 5. Un Allemand de naissance, ein geborner Deutscher. — 6 Ziemlich geläufig.

Exercices écrits.

Version écrite.

Beim ersten Anfall wurde der fremde Ritter aus dem Sattel *gestochen*. — Du hast mir den Glauben *gestohlen*, der mir den Frieden gab. — Er *sterbe*, riefen sie. — Wie gelebt, so *gestorben*. — Der Edle *stirbt* gern für Freiheit und Recht. — Dich *traf* das Loos, du mußt sterben und durch dein Blut die erzürnten Götter besänftigen. — Die Missethäter standen vor ihrem Richter wie vom Blitze *getroffen*. — Es macht einen ungeheuren Eindruck, wenn man einen anhaltenden Blick auf die römische Geschichte *wirft* und sieht, wie das große Volk nach und nach *verdirbt*, wie, gleichsam durch Gottes Hand *getroffen*, der Herrscher der Welt von dem Throne zu Boden *geworfen*, bis in die Knechtschaft niedersinkt! — Unkraut *verdirbt* nicht. — Um die Gunst des Pöbels *wirbst* du, den du sonst doch verschmähest! — Und *würfest* du die Krone selber hinein und *versprächest* sie dem kühnen Taucher, mich gelüstete nicht nach dem theuren Lohn! — Alexander fühlte bald, wozu er *geboren* war.

Thème écrit.

L'abeille *pique* celui qui l'attaque. — Le bien *volé* ne porte pas bonheur[1]. — Que d'hommes admirables et doués des plus grands talents sont *morts* sans qu'on en ait *parlé !* — Celui qui *meurt* pour sa patrie, *meurt* d'une mort glorieuse. — Son cœur mortellement *atteint* ne guérira jamais. — La flatterie *corrompt* le plus heureux[2] naturel. — La vertu seule ne *meurt*[3] pas. — Tous les rois *recherchaient* l'alliance de Rome. — Les anciens *ordonnaient* qu'on *jetât* les parricides à la mer. — Le fils prodigue[4] revint de[5] ses erreurs ; il rentra dans la maison paternelle, se *jeta* aux[6] pieds de son père et lui demanda pardon[7]. — Malheur[8], malheur à celui par qui le scandale[9] viendra dans le monde ; il vaudrait[10] mieux pour lui qu'il ne fût pas *né !* — A peine l'homme est-il *né* (qu')il commence à souffrir.

1. Gedeiht nicht. — 2. Le meilleur. — 3. Mourir, verderben. — 4. Der verlorene Sohn. — 5. Bereute (*acc.*) — 6. Zu. — 7. Demander pardon, um Verzeihung bitten. — 8. Weh! — 9. Ärgerniß, *n.* — 10. Il serait.

Exercices parlés.

Version parlée.

Man muß die Bärenhaut nicht verkaufen, ehe der Bär *gestochen* ist. — Das ist weder gehauen, noch *gestochen*[1]. — Wer lügt, der *stiehlt*. — An welcher Krankheit ist dein Freund *gestorben*? — Er *starb* an keiner Krankheit; er ist vor Kummer *gestorben*. — Herr Gastwirth, warum haben Sie keine Anstalten für das Unterkommen der ganzen Gesellschaft *getroffen*? — *Trafen* Sie auf meinen Bruder während Ihres Aufenthaltes in Leipzig? — Ich habe ihn oft *gesprochen*, besonders da ich ihn oft im Schauspiel *traf*, das ich sehr häufig besuchte. — Ein Unfall hat meinen Freund *getroffen*; er ist vom Pferde gefallen und hat einen Arm *gebrochen*. — Warum hast du mir sobald die Freude *verderbt*? — Das Loos ist darüber *geworfen*. — Die ersten Märtyrer wurden vom Pöbel mit Steinen todt *geworfen*. — Das ganze Heer *warf* sich bis an die Brust in's Wasser. — Wer sind Sie, und wo sind Sie *geboren*? — Ich bin ein Maler und ein *geborner* Franzose. — Alles gelingt dir, du bist wahrhaftig unter einem glücklichen Stern *geboren*.

Thème parlé.

Qu'as-tu donc au doigt? — J'ai été *piqué* par une guêpe. — On a *volé* dans le voisinage; soyez sur vos gardes[2]. — Il est *mort* trop tôt pour la science. — S'il *meurt*, sa mort sera vengée. — Pourquoi vous affligez-vous ainsi, *dit* Socrate *mourant* à ses disciples. — Nous pleurons parce que tu *meurs* innocent. — Vous voudriez donc que je *mourusse* coupable? — *Atteins* (le but) ou *meurs*, dit Gessler à Guillaume Tell. — La lecture des mauvais auteurs *corrompt* le goût. — L'amitié n'est pas (faite) pour les cœurs *corrompus*. — Les hommes les plus *corrompus* rendent souvent hommage[3] à la vertu. — Je n'ai point *recherché* le trône et la grandeur. — N'avez-vous pas encore *jeté* assez d'argent par la fenêtre[4]? — Que celui qui n'a rien à se reprocher lui *jette* la première pierre! — L'homme *naît*, souffre et *meurt*. — La montagne a *enfanté*[5] une souris. — Je serais esclave, moi qui suis *né* pour *commander!*

1. C'est un travail informe; cela n'est ni chair ni poisson. — 2. Auf der Hut. — 3. Rendre hommage, huldigen. — 4. Jeter par la fenêtre, zum Fenster hinauswerfen. — 5. Enfanta

DÉRIVÉS ET COMPOSÉS.

Exercices écrits.

Version écrite.

Wie glücklich sollen wir uns nicht schätzen, daß uns der Schöpfer unser Schicksal *verborgen* hat! — Und ehe er noch das Wort *gesprochen*, hat ihn der Jubel *unterbrochen*. — Was ihm an Fähigkeiten *gebricht*, ersetzt er durch den guten Willen. — Nun *brach* der Geist der Empörung auf allen Seiten *aus*. — Die Blume *durchbricht* beim Aufblühen die Knospe. — Diesem Uebel ist schwer *abzuhelfen*. — Das heißt Gutes mit Bösem *vergelten*. — Es wäre wenig in der Welt *unternommen* worden, wenn man nur auf den Ausgang gesehen hätte. — Wer mich *aufnimmt*, der *nimmt* den *auf*, der mich sandte. — Endlich hat er die Maske *abgenommen*. — So *nahm* der ungerechte Löwe die ganze Beute für sich weg. — Dieses Wort ist in die Sprache *aufgenommen*. — Unter den alten Völkern haben die Phönicier die größten Reisen zur See *unternommen*. — Wir *nahmen* uns *vor*, den andern Morgen das Versäumte nachzuholen[1]. — Er hat die arme Waise an Kindesstatt *aufgenommen*. — Der Wald *nahm* uns in seinen Schatten *auf*.

Thème écrit.

Les belles actions *cachées* sont les plus estimables. — La pauvreté *manque* de[2] beaucoup de choses, l'avarice *manque* de tout. — Les eaux du fleuve ont *rompu* leurs digues. — La ville a été *prise* d'assaut[3] après six mois de siège[4]. — Le sacrifice d'Abel fut *accepté* de Dieu. — L'avarice *s'accroît* par les remèdes mêmes qui guérissent les autres passions. — Quel mauvais soldat (que) celui dont le courage *faiblit*[5] lorsque le danger *augmente!* — Beaucoup de termes étrangers et principalement des termes français *passent*[6] journellement dans la langue allemande. — La tempête *croissait* et avec elle *croissait* la furie des flots. — C'est Dieu qui nous avait donné la fortune, s'il l'a *reprise*, ne nous plaignons pas. — On peut tout sacrifier à l'amitié, *excepté* l'honnête et le juste. — Notre mérite *diminue* avec notre argent.

1. Nachholen, réparer. — 2. An. — 3. Mit Sturm. — 4. Après un siège de six mois. — 5. Diminue. — 6. Sont accueillis

Exercices parlés.

Version parlée.

Es ist vieles in der Natur *verborgen*, das wir nicht ergründen können. — Unter dieser starren Außenform *verbirgt* sich ein Feuergeist. — Voller Angst nahm er den Brief und *erbrach* ihn. — Er hat diesen Streit kurz *abgebrochen*. — Es brach in diesem Haus Feuer *aus*. — Es *gebricht* uns an Allem. — Die Cholera ist in das Land *eingebrochen*. — Bei diesen Worten brach er in ein lautes Gelächter *aus*. — Ich *half* meinem Mitschüler *ein*, weil er stecken blieb[1]. — Ich will meine Büchersammlung verkaufen, die Wörterbücher *ausgenommen*. — Die Tage *nahmen* schon merklich *zu*. — Er hat sich fest *vorgenommen*, nicht mehr zu spielen. — Vor wem haben Sie den Hut *abgenommen*? — Besinne dich wohl, ehe du etwas *vornimmst*. — Du wirst schwerlich deinen Zweck erreichen, wofern du dich nicht anders *benimmst* (du *benehmest* dich denn anders). — Bei unserm Freund ist immer offne Tafel; wer nur kommt, wird gut *aufgenommen*. — Ich habe es aus seinem Munde *vernommen*.

Thème parlé.

La plupart des hommes ont, comme les plantes, des propriétés *cachées* que le hasard fait découvrir[2]. — De grandes clameurs[3] *interrompirent* l'orateur au milieu de son discours. — L'orage a *éclaté* au-dessus de nos têtes[4]. — Vous serez puni pour avoir[5] *soufflé* (la leçon) à votre voisin. — Le malade a-t-il *pris* sa potion? — Cette lettre n'est pas affranchie[6]; *l'acceptes*-tu? à ta place, je ne *l'accepterais* pas. — Ce qu'il donne d'[7] une main, il le *reprend* de l'autre. — Vous avez *entrepris* là une tâche difficile. — Dieu vous avait *pris* un fils, il vous en rend un autre. — Dans cette occasion, il ne s'est pas *conduit* envers toi comme un véritable ami. — Ce jeune homme est si vain qu'il croit facile tout ce qu'il *entreprend;* il n'est donc pas étonnant[8] qu'il ait[9] si peu travaillé et qu'il n'ait pas été *reçu* à l'école de Saint-Cyr. — L'ouvrage de ce savant historien a *reçu un très-bon accueil*. — *Harpagon*. Allons[10], rends-le moi sans te fouiller[11]. — Quoi? — Ce que tu m'as *pris*. — Je ne vous ai rien *pris* du tout[12].

1. Stecken bleiben, rester court. — 2. Tourner par le passif. — 3. Geschrei, *n.* (*sing.*). — 4. Au-dessus de nous. — 5. Parce que vous avez. — 6. Frankirt. — 7. Mit. — 8. Es ist also kein Wunder. — 9. *Indicat. prés.* — 10. He da! — 11. Durchsuchen. — 12. Rien du tout, gar Nichts.

Exercices écrits.

Version écrite.

Ich thäte es nicht, und wenn man mir goldene Berge verspräche. — Der Beklagte hat sich in seinen Reden widersprochen. — Wahre Tugend widerspricht sich nie. — Lassen Sie mich Ihnen meinen tiefgefühlten Dank aussprechen. — Kaum glauben die Menschen, sie besitzen das Glück, so stiehlt es sich ihnen unter den Händen weg. — Ist doch die Stadt wie gekehrt, wie ausgestorben! — Was die Verwicklung[1] betrifft, ist der Cid des Peter Corneille unstreitig[2] das Meisterstück der tragischen Bühne. — Die Tugend, aber auch sie allein, erwirbt uns die allgemeine Achtung. — Der Epiker und Dramatiker sind beide den allgemeinen Gesetzen unterworfen, besonders dem Gesetze der Einheit. — Man trug einem Andern auf, was ich selbst entworfen hatte. — Rom, das stolze Rom, welches die ganze bekannte Welt unterwarf, und alle Throne umwarf, wurde endlich auch von einigen Barbaren niedergeworfen und sogar als Hauptstadt des Reiches verworfen. — Den Gürtel wirft er, den Mantel weg, und tritt an des Felsen Hang.

Thème écrit.

Un juge intègre *absout* plutôt deux coupables que de condamner un innocent. — On *corrompit* les témoins, on essaya même de corrompre les juges. — Il faut regarder comme une perte véritable tout ce qu'on *acquiert* aux dépens[3] de l'honneur. — On garde sans remords ce qu'on *acquiert* sans crime. — Les seuls amis solides[4] sont ceux que (l')on s'est *acquis* par des qualités solides. — Diogène *jeta*[5] sa coupe lorsqu'il vit un mendiant puiser de l'eau dans le creux de la main[6]. — Cette question a besoin[7] d'être *soumise* à la critique. — Le plus esclave[8] de tous les hommes est celui qui est *asservi* à ses passions. — Les prêtres d'Israël sont captifs, ses rois sont *rejetés*. — Qu'elle-même (Rome) sur soi *renverse* ses murailles. — L'homme *projette* toute sa vie et meurt souvent sans jouir de[9] ses projets.

1. L'intrigue. — 2. Sans contredit. — 3. Auf Kosten. — 4. Bewährt. — 5. Jeter, wegwerfen. — 6. Dans la main creuse. — 7. Doit être. — 8. Der niedrigste. — 9. Sich erfreuen (*gén.*).

Exercices parlés.

Version parlée.

Was Sie da thun, entspricht nicht dem, was Sie gestern gesagt haben. — Hat er es Ihnen versprochen? — Er versprach's mit Hand und Mund. — Was er verspricht, das hält er. — Wir sind bei hellem Tage[1] bestohlen worden. — Er hat sich verstohlener Weise[2] davon gemacht[3]. — Unser unglückseliger Freund ist für die Freude abgestorben. — Wir hatten nicht an die Schwierigkeiten gedacht, die wir bei dieser Unternehmung überall antrafen. — Je mehr man erwirbt, um so mehr will man haben. — Hast du dir einen guten Namen erworben, so darfst du dir Ruhe gönnen. — Jede Sache ist der Mode unterworfen, und die Kleidung am meisten. — In dem Gedränge warfen die Pferde manchen Reiter ab. — Die Menschen blieben nicht lange unschuldig und unverdorben, wie sie Gott erschaffen hatte. — Karl der Große hat die Sachsen besiegt, aber nie unterworfen.

Thème parlé.

Depuis notre discussion[4], il ne m'a pas *adressé la parole*[5]. — Ne *promets* jamais ce que tu ne peux pas tenir. — L'accusé a été *absous* à l'unanimité[6]. — Le succès ne *répondit* pas à nos espérances. — Henri IV fut *poignardé* le 14 mai 1610 par Ravaillac. — Les volontés[7] des *morts* sont souveraines[8]. — De tout temps, dans le christianisme, on a prié pour les *morts*. — Cette affaire ne vous *concerne* pas, pourquoi vous en[9] mêlez-vous? — Sur cette route, je n'ai *rencontré* âme qui vive[10]. — Voici une œuvre où notre grand peintre s'est *surpassé*. — Le vulgaire[11] se laisse toujours éblouir par l'éclat de l'or et s'informe rarement comment il a été *acquis*. — Il vaut mieux être pauvre que d'avoir des richesses mal *acquises*. — Napoléon Ier *soumit* la moitié de l'Europe. — Tu lui *reproches* durement ses défauts, et tu n'aperçois pas les tiens. — Le bienfait qu'on *reproche* est un bienfait perdu. — On n'est jamais pleinement malheureux quand on n'a rien à se *reprocher*. — Où commence le mal, d'après vous? Dans les lieux où on le *projette* ou dans ceux où on l'accomplit?

1. En plein jour. — 2. A la dérobée. — 3. Sich davon machen, se retirer. — 4. Wortwechsel, *m*. — 5. Adresser la parole, ansprechen. — 6. Einstimmig. — 7. *sing*. — 8. Unumstößlich. — 9. Darein. — 10. Aucune âme vivante. — 11. Der große Haufen.

DEUXIÈME CLASSE (2e CATÉGORIE).

VERBES SIMPLES.

Exercices écrits.

Version écrite.

Iß, o Armer, dein Brod nicht mit Murren. — Der Vogel hat den Fuchs mit Haut und Haar[1] *gefressen*. — Wem viel *gegeben* ward, von dem wird viel gefordert. — Alle Schätze der Welt gäbe ich um eine Stunde Schlaf! — Es *gibt* keine Regel ohne Ausnahme. — Er *genas*, und konnte wieder die Pflichten seines Standes erfüllen. — Dein Wille *geschehe* wie im Himmel also auch auf Erden. — Das ist das unterhaltendste Buch, das ich je *gelesen* habe. —Mit dem Maße, womit du *missest*, wird dir wieder *gemessen* werden. — Es *gibt* eine gewisse Art sich zu verbergen, um desto besser *gesehen* zu werden. — Ich that nicht dergleichen[2] als ob ich es *sähe*. — Er *tritt* an des Felsen Hang, und blickt in den Schlund hinab. — *Vergiß* nicht daß Irren menschlich ist. — Groll und Rache sei *vergessen*.

Thème écrit.

Que l'homme *mange* pour vivre, mais ne vive pas pour *manger*. — Le jeune renard *mangea* tant qu'il creva. — Sois muet quand tu as *donné*, parle quand tu as reçu. — *Il y a* certaines blessures dont[3] on ne *guérit* jamais. — Il se cacha pour observer ce qui *se passerait*. — Plus[4] on *lit* La Fontaine, plus[5] on l'admire. — Tel cite[6] Aristote et Platon qui ne les a jamais *lus*. — L'on *mesure* la gloire des hommes sur[7] les moyens dont ils se servent[8] pour l'acquérir. — Cet homme, aujourd'hui si pauvre et si humble, nous l'avons *vu* jadis riche et orgueilleux. — Tu *vois* une paille[9] dans l'œil de ton frère, tu n'aperçois pas la poutre qui est dans le tien. — Les hommes passent comme les fleurs qui, épanouies[10] le matin, le soir sont flétries et *foulées* aux[11] pieds. — Dans la bonne fortune[12], on *oublie* aisément la mauvaise.

1. Tout entier. — 2. Dergleichen thun, faire semblant. — 3. Wovon. — 4. Je mehr. — 5. Desto mehr. — 6. Citer, anführen. — 7. Nach. — 8. Qu'ils emploient. — 9. Strohhalm, *m.* — 10. Entfaltet. — 11. Mit. — 12. Bonne fortune, Glück; mauvaise fortune, Unglück, *n.*

Exercices parlés.

Version parlée.

Sie haben heute früh zu Abend gegessen? — Ja, ein wenig früher; da der Abend so angenehm war, aßen wir im Freien[1]. — Der Kranke ißt und schläft nicht. — Wer sich zum Schaf macht, den frißt der Wolf. — Was gibt's[2] Neues? was ist aus deinem Freund geworden? — Er gab sich den Tod selbst. — Wohl Acht gegeben! — Gib dem Kaiser, was des Kaisers ist. — Du siehst schon besser aus, bald wirst du ganz genesen sein. — Geschieht nicht öfters, was Jedermann für unmöglich hielt? — Wenn du mich verläßest, so ist es um mich geschehen. — Gib mir etwas zum Lesen. — Hast du die Geschichte des dreißigjährigen Kriegs von Schiller schon gelesen? — Noch nicht. — Lies dieses Buch; ich habe es dir gegeben, damit du es aufmerksam lesest. — Wer von Euch liest am besten deutsch? — Miß mir gut und gib mir was mein ist. — Er hat von der Welt nichts gesehen als sein Dorf. — Er tritt den ganzen Tag das Pflaster[3]. — Darüber habe ich das Essen vergessen. — Ueber meinen Geschäften vergaß ich das Versprechen, das ich Ihnen gegeben hatte.

Thème parlé.

Cet enfant *mange* toute la journée; s'il *mangeait* un peu moins, il se porterait mieux. — Un renard rusé ne *mange* pas les poules de ses voisins. — Entre amis, on ne *donne* pas, on partage. — *Y a-t-il* quelque chose de plus utile que la justice? — Mon ami, *prends* garde à[4] ta bourse. — Votre frère est-il *guéri* de sa longue maladie? — Pas encore; il *guérirait* plus vite, s'il suivait bien les prescriptions du médecin. — Parle et *n'oublie* pas de dire tout ce qui est *arrivé*. — Ce qui devait *arriver*, *arriva*. — *Lis* peu, mon enfant, mais retiens[5] bien ce que tu as *lu*. — Nous *lirions* plus souvent, si nous avions plus de temps. — Personne n'a encore *mesuré* la hauteur de cette montagne. — Tu ne *vois* au monde que toi-même. — *Vit*-on jamais rien[6] de plus beau? — Jeune homme, *marche* courageusement sur les traces[7] de tes ancêtres. — *Oublie* les injures et souviens-toi des bienfaits.

1. En plein air. — 2. Qu'y a-t-il? — 3. Das Pflaster treten (*famil.*) battre le pavé — 4. Prendre garde à, Acht geben auf (*acc.*). — 5. Retenir, im Gedächtniß behalten. — 6. Je etwas. — 7. Fußstapfen.

VERBES DÉRIVÉS ET COMPOSÉS.

Exercices écrits.

Version écrite.

Vergib uns unsere Schulden, wie auch wir *vergeben* unsern Schuldigern. — Was thun, spricht Zeus zum Poet, die Welt ist *weggegeben*! — Der *Untergebene* ist seinem Vorgesetzten[1] Gehorsam schuldig. — Wer sich in die Gefahr *begibt*, der kommt darin um[2]. — Ein vernünftiger Mensch *gibt* den Thoren immer *nach*. — Diese Völker *sahen* das Geld mit Verachtung *an*. — Sein Dienst ist schon durch einen Andern *versehen*. — Ein *unversehener* Tod raubte uns die lieben Kinder, die wir als die Hoffnung unseres Hauses *angesehen* haben. — Ich stand still, horchte und *sah* mich *um*. — Von diesem Berge *sieht* man auf ein anmuthiges Thal *herab*. — Stolz und frei ist der Philosoph Diogenes stets *aufgetreten*. — Wann wurde Lothringen an Frankreich *abgetreten*? — Als Johanna vor ihre Richter *trat*, wurden diese durch die freien und kühnen Antworten der Angeklagten *betreten*. — Er *betrat* die Pfade des Ruhms, die sein Vater auch gegangen war.

Thème écrit.

Socrate, avant de mourir, *pardonna* à ses ennemis et *donna* ainsi un grand exemple de générosité[3]. — Quand on a *pardonné* les offenses, il ne faut plus s'en souvenir[4]. — Celui-là seul peut *rendre* la vie qui a donné la vie. — Chez les Germains, chaque chef était *environné* des guerriers de sa famille, afin qu'il remportât la victoire[5] ou mourût avec ses amis. — Après une longue résistance, la place se *rendit* aux assiégeants[6]. — La garde meurt, mais ne se *rend* pas. — ***Relire*** un livre qu'on a *lu*, c'est un ancien ami qu'on *revoit*. — Nos mesures sont bien prises[7]; tout a été *prévu*. — L'esprit marche dans les sentiers *battus*, le génie s'ouvre[8] de nouvelles routes. — Alexandre fut *surpris* de la réponse si fière que Diogène fit[9] à[10] ses offres[11]. — Jupiter dit un jour : Que tout ce qui respire (s'en) *vienne comparaître* devant mon trône.

1. Supérieur. — 2. Umkommen, périr. — 3. Des Edelmuths. — 4. Y penser, daran denken. — 5. Remporter la victoire, den Sieg davontragen. — 6. Belagerer. — 7. Treffen. — 8. S'ouvrir une route, sich einen Weg bahnen. — 9. Donna. — 10. Auf (*acc.*). — 11. Anerbieten, *n.* (*sing.*).

Exercices parlés.

Version parlée.

Der Feldherr hat den Degen *abgegeben*. — Willst du daß man dir *vergebe*, so *vergib* zuerst den andern. — Wie! du hast deinen ehemaligen Freund fälschlich *angegeben*! — Ich liebe meinen Freund so sehr, daß ich mein Leben für ihn *hingäbe*. — Ich habe meine Plane noch nicht *aufgegeben*. — Diese Unglücklichen haben sich in ihr Schicksal *ergeben*. — Ihr *ergebenster* Diener. — Das Buch, das Sie mir geliehen haben, habe ich noch nicht *ausgelesen*; ich habe es nur *durchlesen*. — Nicht darf ich, dir zu gleichen, mich *vermessen*. — Du *übersiehst* deinen Kindern zu viel. — Traue diesem Menschen nicht; denn so lieblich er *aussieht*, so schlimm ist er. — Was ist dir begegnet, daß du so traurig *aussiehst*? — Auf *Wiedersehen*. — Er ist sehr *angesehen* bei seinen Mitbürgern. — Wer ist der junge Mensch, der so stolz *einhertritt*? — Sieh da, der Tell *tritt auf* mit der Armbrust und führt seinen Knaben an der Hand. — Die Gefallenen wurden unter der Hufe der Pferde *zertreten*. — Wisse, junger Fremdling, sprach die Göttin, daß Niemand ungestraft mein Reich *betritt*.

Thème parlé.

Pardonne beaucoup aux autres, mais ne te *pardonne* rien. — Dieu nous *pardonne*, afin que nous *pardonnions* à notre prochain. — Les médecins ont *abandonné* le malade. — *Rends*-toi sans retard[1] à ton régiment. — Quelles leçons votre professeur vous a-t-il *données*? — Tu m'as promis de me *rendre* bientôt l'argent que je t'ai prêté ; *rends*-le moi, j'en ai besoin. — Ne *fréquente*[2] pas cet homme, car il ne jouit pas d'une bonne réputation[3]. — Combien d'argent as-tu *dépensé* en voyage[4]? — Cet élève a *prétexté* une maladie pour ne pas faire son devoir. — Un élève qui *remet* à son professeur une copie[5] illisible, mérite d'être puni. — Avez-vous bien *relu* votre copie avant de la *remettre*[6]? — Tu me *regardes* (travailler); pourquoi ne fais-tu pas comme moi? — *Regarde*-moi donc *en face*, et parle-moi franchement[7]. — Les choses se sont passées comme vous l'aviez *prévu*. — Si je *revoyais* mon fils, je mourrais content. — Avez-vous *examiné* vous-même toutes choses? L'armée est-elle bien *pourvue* de vivres et de munitions? — Esaü *céda* son droit d'aînesse[8] à Jacob pour[9] un plat de lentilles.

1. Ohne Verzug. — 2. Fréquenter, sich abgeben (mit). — 3. Jouir d'une bonne réputation, in gutem Rufe stehen. — 4. Auf der Reise. — 5. Reinschrift, *f.* — 6. Avant que vous... ehe Sie... — 7. Offenherzig. — 8. Erstgeburt, *f.* — 9. Gegen.

DEUXIÈME CLASSE (REMARQUE).

VERBES SIMPLES.

Exercices parlés.

Version parlée.

Er fiel ihm zu Füßen und *bat* um Verzeihung. — Wir haben Gesellschaft, Sie sind heute Abend zum Thee *gebeten*. — Ich *saß* Ihrem Bruder zur Seite. — Anständig *gesessen*! — Schon zehn Jahre *saß* der Unglückliche gefangen, als er begnadigt wurde. — Der Rabe *saß* auf einem Baum und hielt im Schnabel einen Käse. — Das Land, dessen Entdeckung wir so sehnlich gewünscht hatten, *lag* jetzt vor unsern Augen. — Dein Wohl und Weh *liegt* mir am Herzen[1]. — An Gottes Segen ist Alles *gelegen*. — Guter Rath *kommt* über Nacht. — Es wäre der Mühe werth, wenn man der Sache näher *käme*[2]. — Er ist gut davon *gekommen*. — Frisch zu Werke *gegangen*! — Für meinen Freund *ginge* ich in's Feuer. — Ich hoffe, es soll nichts verloren *gegangen* sein. — Ich bewohnte ein Haus, das in einer *entlegenen* Straße *stand*. — Was *steht* in der Zeitung? — Der Unglückliche erblickte den Abgrund nicht, an dessen Rand er nun *stand*. — Unser Fußvolk *stand* wie eine Mauer vor dem Feinde.

Thème parlé.

J'ai *prié* votre ami d'entrer et de se reposer un peu. — Vous *n'êtes* pas bien *assis* là; vous *seriez* mieux *assis* sur ce canapé. — Le riche chambellan[3] du roi Hérode *était assis* au haut bout de la table[4], et son ami, le pauvre étranger, *était assis* à côté de lui. — La ville de Carthage était *située* non loin de l'endroit où s'est élevé[5] Tunis. — Un malheur *arrive* rarement seul. — Nous craignîmes que vous n'*arrivassiez* trop tard. — Fais ton devoir, *advienne* que pourra[6]. — *J'irais* volontiers me promener, si vous *veniez* avec moi. — Comment cela *va*-t-il? — Cela *va* bien; mes affaires *vont* à souhait[7]. — Où êtes-vous *allé* hier? — A la campagne. — Êtes-vous *allé à pied* ou en voiture? — Contentement *passe*[8] richesse. — Ce général a *passé*[9] par tous les grades. — C'est au milieu de ce désert que *s'élevaient* autrefois de grands et superbes édifices.

1. Am Herzen liegen, tenir au cœur, intéresser. — 2. Einer Sache näher kommen, voir une chose de plus près. — 3. Kämmerer, *m.* — 4. Oben am Tisch. — 5. Où a été construit (erbaut). — 6. Was da will. — 7. Nach Wunsch. — 8. Va par dessus. — 9. Est allé.

VERBES DÉRIVÉS ET COMPOSÉS.

Exercices écrits.

Version écrite.

Wer zu Tyrus große Güter *besaß*, dem wurde es für eine Missethat gehalten. — Die Pferde gezäumt, *aufgesessen*. — Uns würde der Friede *willkommen* sein. — Es *kommt* mir vor, als hätte ich schon diesen Menschen sonstwo gesehen. — Er ist *um* sein Geld *gekommen*. — Das Schiff ist mit Mann und Maus[1] *umgekommen*. — Der günstige Augenblick *kommt* oft nicht *wieder*. — Es dauerte nicht lange, so *gingen* mir die Augen *auf*. — Unser rechter Flügel *umging* den Feind. — Wann waren Sie bei der Frau Gräfin? — *Vergangene* Woche. — Ehe er *abging*, wollte er uns ein Andenken lassen. — Was ist hier *vorgegangen*? — Nur heraus mit der Sprache, nur gleich *gestanden*. — Ein Philosoph soll gesagt haben: „Nur einer meiner Schüler hat mich *verstanden*, und dieser hat mich *mißverstanden*." — Ich *verstünde* nicht so gut das Unglück Andrer mitzufühlen, wenn ich nicht selbst unglücklich gewesen wäre.

Thème écrit.

Chacun a le droit de conserver ce qu'il a, sans quoi[2] personne ne *posséderait* plus rien. — Un pauvre vieillard, *succombant* sous le poids d'un lourd fardeau, *s'arrêta*[3], jeta sa charge, et appela la mort. — Écrivez-moi si nos amis sont *arrivés à bon port*[4]. — C'est au milieu des neiges[5] et des glaces[5] que le hardi voyageur a *péri*. — Êtes-vous *sorti* ce matin? — Je suis *sorti* à neuf heures et demie et *revenu* à[6] la maison à onze heures moins un quart. — A quelle heure le train *arrive*-t-il? — Je crois qu'il *arrive* à six heures; hier, il est *arrivé* (d')une demi-heure en retard[7]. — Le traître *passa* à[8] l'ennemi. — Dis-moi qui tu *hantes*, je te dirai qui tu es. — Vous avez *passé* les plus beaux endroits de cet ouvrage. — Racontez-moi les faits tels qu'ils se sont *passés*. — En recopiant, vous avez *omis* toute une phrase. — Rarement un coupable a *échappé* au châtiment mérité. — Le soleil se *levait* radieux derrière la montagne. — A quelle heure vous êtes-vous *levé* ce matin? — *Comprenez*-vous ce que je vous dis en allemand? — Je vous *comprendrais*, si vous parliez plus lentement.

1. Corps et biens. — 2. Sonst. — 3. Stand still. — 4. A bon port, glücklich. — 5. Sing. — 6. Nach. — 7. Trop tard. — 8. Zu.

TROISIÈME CLASSE (1re CATÉGORIE).

VERBES SIMPLES.

Exercices écrits.

Version écrite.

O Tell! mit Euch sind wir gefesselt Alle und *gebunden*! — Wir *drangen* mit Sturm in die Festung. — Sieh, Herr, den Ring, den du getragen, ihn *fand* ich in des Fisches Magen. — O *fände* mein Herz den Frieden! — Das ist ein *gelungenes* Werk. — Wie fröhlich weilten wir an der Tafel beisammen, wie hell *klang* der Pokal zu des Dichters Zeilen! — Wie ein Traum *schwand* das Leben mir! —

Wann ich mein Lied *gesungen*,
Die Saiten *ausgeklungen*,
Dann fahre hin[1] des Lebens Tag.

Wer sich hoch *geschwungen* hat, ist öfters sehr tief *gesunken*. — Kaum hatten wir die Festung verlassen, so *sprang* der Pulverthurm in die Luft. — Hier ist der Apfel, Vater, ruft der Knabe dem Tell zu, und kommt mit dem Apfel *gesprungen*. — *Trunkener* Mund redet aus Herzensgrund. — An der Quelle saß der Knabe und *wand* sich Blumen zum Kranz. — Er sah sich *gezwungen*, der Nothwendigkeit zu weichen.

Thème écrit.

Le prisonnier eut les pieds et les mains *liés*[2] et fut jeté dans un cachot. — Après une lutte de trois heures, nous *parvînmes* à repousser l'ennemi, qui avait déjà *pénétré* jusque dans les faubourgs de la ville. — Les gens artificieux[3] *trouvèrent* la clef de[4] son cœur. — Il essaya de rompre ses fers[5], mais il n'y *parvint* pas. — Toute la journée, nos soldats *luttèrent* contre des ennemis supérieurs en nombre[6]. — Le savetier *chantait* du matin jusqu'au soir. Son voisin le financier *chantait* peu, dormait moins encore. — Des marches du trône, l'indigne favori *tomba* dans la poussière. — Dans[7] des coupes d'or, ils *buvaient* le trépas. — A Rome, on *tressait* une couronne de chêne à l'heureux vainqueur. — Jeanne d'Arc *contraignit* les Anglais de lever[8] le siège d'Orléans.

1. Pars; adieu. — 2. On lia. — 3. Arglistig. — 4. Zu. — 5. Ses chaînes. — 6. Supérieur en nombre, überlegen. — 7. Aus. — 8. Aufheben.

Exercices parlés.

Version parlée.

Ich bin durch mein Wort *gebunden*. — Den Diener, den Sie mir empfohlen haben, habe ich noch nicht *gedungen*. — Die Wunde ist gefährlich; der Schuß *drang* tief in die Brust. — Er stellte sich[1], als *fände* er seine Börse nicht. — Es *gelang* dem Dieb aus dem Gefängniß zu entkommen. — Die Ohren haben Ihnen gewiß recht *geklungen*. — Der Unglückliche *rang* die Hände vor Verzweiflung. — Er erkannte seinen Freund und *schlang* die Hände ihm um den Hals. — Vom Staube *schwangst* du dich bis zur Stufe des Thrones. — Mit einem Schrei *sank* die unglückselige Mutter in Ohnmacht. — Der Trunkenbold verrieth sich, sobald er den Mund aufthat; so sehr *stank* er nach Wein. — Wir *tranken* auf Ihre Gesundheit. — Hast du aus diesem Glas *getrunken*? — Mehrere Verwundete hatten ein Tuch um den Kopf *gewunden*. — *Gezwungene* Arbeit, schlechte Arbeit. — Ich wollte fischen, aber ich *schund* mich am Finger mit der allzuspitzigen Angel.

Thème parlé.

Je ne puis agir, j'ai les mains *liées*[2]. — Avez-vous *pris*[3] ce domestique au[4] mois ou à l'année? — Si vous avez *trouvé* un ami fidèle et vertueux, vous avez *trouvé* un trésor. — Je n'ai pas *réussi* dans cette entreprise. — Les cordes de la lyre *résonnèrent* harmonieusement sous ses doigts habiles. — Nous *trouvâmes* notre colonel sur le champ de bataille, baigné[5] dans son sang et *luttant* avec la mort. — Il *disparut* comme une ombre. — Le cavalier *prit son élan* (et sauta) en selle. — Vous *chantiez*, j'en suis fort aise, eh bien! dansez maintenant. — Harassé de fatigue[6], je *tombai* dans un profond sommeil, mais bientôt je fus réveillé par le cri: au feu[7]! et je *sautai* à bas de[8] mon lit. — Autrefois, les petits-maîtres *puaient* l'ambre et le musc[9], aujourd'hui, ils *puent* le tabac. — Que voulez-vous *boire?* — Je *boirais* volontiers un verre de vin. — Le serpent *s'enroula* autour de la jambe de l'imprudent voyageur. — La misère a *forcé* ces malheureux de s'expatrier[10]. — Qu'as-tu donc au bras? — Je me le suis *écorché* en tombant.

1. Il feignit. — 2. Les mains me sont liées. — 3. Loué. — 4. Auf (*acc.*). — 5. *Tourn.* qui nageait. — 6. Sehr ermüdet. — 7. Au feu, Feuer! — 8. A bas de, aus. — 9. Nach Ambra und Bisam. — 10. Sein Vaterland verlassen; auswandern.

VERBES DÉRIVÉS ET COMPOSÉS.

Exercices écrits.

Version écrite.

Dieser Feldherr verband die Klugheit mit der Tapferkeit. — Durch meinen Beruf und meinen Namen bin ich verbunden, so und nicht anders zu handeln. — Nach einer zehnjährigen Belagerung drangen die Griechen durch List in Troja ein. — Man weiß nicht genau wer den Compaß[1] erfunden hat. — Mein Herz hat diese schwere Kränkung übel empfunden.

Der Kriegs-Trompete Ruf erklang
Und auf's Kampfroß sich der Ritter schwang.

Der General verfolgte die errungenen Vortheile nicht rasch genug. —

Einen goldnen Becher werf' ich in den Schlund,
Verschlungen schon hat ihn der schwarze Mund. —
Zerschmettert nur rangen sich Kiel und Mast
Hervor aus dem alles verschlingenden Grab. —

Endlich entsank der Muth den Umringten. — Es fand sich kein Homer, der den Alexander besang. — O Alexander! du hast dich selbst überwunden; durch diesen Sieg bist du weit berühmter als durch deine Eroberungen. — Drauf spricht der Tyrann zu beiden Freunden:

Es ist euch gelungen, ihr habt mir das Herz bezwungen.

Thème écrit.

Pourquoi ne vous rend[2]-il pas ce service, lui que vous avez *obligé* si souvent? — A force d'importunités[3], *j'extorquai* son consentement. — L'imprimerie a été *inventée* à Strasbourg en 1440 par Jean Guttenberg de Mayence. — Aux[4] premières lueurs[5] du jour, toute la forêt *retentit* du chant des oiseaux. — Les corps *entrelacés* des deux combattants semblaient n'en faire qu'un. — Que de richesses la mer a *engloutis* dans son sein! — En l'an 79 après J.-C.[6], la ville d'Herculanum *disparut* (engloutie) sous les laves du Vésuve. — O Crétois, ne cherchez pas, pour vous gouverner, un homme qui ait *vaincu* les autres dans les jeux d'esprit et du corps, mais qui se soit *vaincu*[7] lui-même. — Ce sont les Barbares qui vengèrent sur l'Empire romain l'univers *vaincu*.

1. Boussole. — 2. Rendre un service, einen Dienst leisten. — 3. Durch vieles Bitten 4. Bei. — 5 *Sing.* — 6. Nach Christi Geburt. — 7. Se vaincre, sich bezwingen

Exercices parlés.

Version parlée.

Ich bin dir sehr *verbunden*, mein Freund, für die Dienste, die du mir geleistet hast. — Wer hat Ihnen diese Bücher *eingebunden*? — Er hat mich meines Wortes *entbunden*. — Wir sind eng *verbundene* Freunde. — Man *drang* ihm die Waffen *auf*. — Warum hast du dich nicht an dem bestimmten Ort *eingefunden*? — In solcher Unruhe *befand* er sich, daß er mich nicht mehr erkannte. — Ueber diese niederträchtige Verrätherei *empfand* er den tiefsten Unwillen. — Wohlan, Freunde, *angeklungen*, *ausgetrunken*. — Schon glaubten sie den Sieg *errungen* zu haben, als plötzlich unsere Reiterei aus dem Hinterhalt *hervorsprang*. — Der *umringte* Feind mußte das Gewehr strecken [1]. — Der Kranke befindet sich besser, das Fieber ist *verschwunden*. — Ich wollte den Gastwirth bezahlen und fuhr mit der Hand in die Tasche; o weh! der Geldbeutel war *verschwunden*. — Unser Freund war in die tiefste Verzweiflung *versunken*. — Er ist aus einem adeligen Geschlecht *entsprungen*. — Die ganze Mannschaft ist *ertrunken*, ausgenommen sieben oder acht Personen. — Er setzte den Becher an [2] und *trank* ihn *aus*. — *Erzwungene* Thränen rühren Niemand.

Thème parlé.

Je vous suis *obligé*, monsieur, des bontés[3] que vous avez pour moi. — Je ne prends aucun de ces livres : les uns sont trop vieux, les autres mal *reliés*. — Si le chien est encore *attaché*, *détachez*-le. — On nous donna d'autres habits, parce que l'eau avait entièrement *pénétré* les nôtres. — — Comment vous êtes-vous *porté* l'hiver dernier? — Je me *portais* moins bien que jamais. — Si vous aviez plus de mesure en toutes choses, vous vous *porteriez* mieux. — Le meurtrier fut immédiatement *cerné* par les assistants; il se *trouva* que c'était un forçat *échappé*[4]. — Toutes nos bonnes résolutions *s'évanouissaient*. — Je devins pauvre : avec mon argent *disparurent* aussi mes adulateurs[5]. — Vous n'avez même pas *vidé votre verre*, vous ne trouvez donc pas ce vin à[6] votre goût? — Celui qui triomphe de[7] sa colère, a *vaincu* le plus dangereux de ses ennemis. — Ce pauvre homme, père[8] d'une nombreuse famille, s'est *tué à force de travailler*.

1. Strecken, tendre, rendre. — 2. Ansetzen, porter aux lèvres. — 3. Pour la bonté. — 4. Échapper, entspringen. — 5. Schmeichler, *m.* — 6. Nach. — 7. Celui qui devient maître de (über, *acc*.). — 8. Le père.

TROISIÈME CLASSE (2e CATÉGORIE).

VERBES SIMPLES.

Exercices parlés.

Version parlée.

Begonnen Werk hilft Gott vollenden. — Meine Rolle war zu Ende, nun begann die seinige. — Milde, Heiterkeit begann sich über die Gesichter zu verbreiten. — Wer viel beginnt, endigt wenig. — Zeit gewonnen, Alles gewonnen. — Frisch gewagt ist halb gewonnen. — Der König von Frankreich, Heinrich der Vierte, gewann das Herz seiner Unterthanen. — Es rinnt kein Blut mehr in meinen Adern. — Der Frühling trat heran, der Schnee schmolz, Gewässer rannen in den Bergschluchten und Eisklötze schwammen auf den Flüssen. — Er sprach's, und eine Thräne schwamm in seinen Augen. — Der reiche Kämmerer des Königs Herodes schwamm im Ueberfluß, und doch war er nicht glücklich. — Bist du gesonnen, mit mir auf Reisen zu gehen? — Ich bin durchaus nicht dazu entschlossen. — Unsere Anführer sannen auf List.

Es ist nichts so fein gesponnen [1],
Es kommt doch an's Licht der Sonnen.

Thème parlé.

Continue comme tu as *commencé*. — A six heures du matin, le premier coup de canon [2] retentit et la bataille *commença*. — A Athènes comme à Rome, une couronne de laurier [3] était une récompense immense [4] pour une bataille *gagnée*.—Napoléon Ier *gagna* la bataille d'Austerlitz le 2 décembre 1805.—Avec l'argent, plus de chant, le savetier perdit la voix du moment [5] qu'il *gagna* ce qui cause nos peines. — C'est un homme très-bien *intentionné* pour la bonne cause, mais il la sert bien mal [6] en croyant lui faire du bien.—Je me souviendrai toute ma vie d'avoir vu cette tête qui *nageait* dans le sang. — Savez [7] -vous *nager?* — Oui, mais je ne *nage* plus si bien que je *nageais* autrefois : je *nageais* entre deux eaux [8], contre le courant [9], et je *traversais* plusieurs fois la rivière. — C'est ici que les Parques me *filaient*, au milieu de la pauvreté, des jours [10] d'or et de soie. — Chez les anciens, les filles des rois *filaient* et tissaient elles-mêmes les vêtements de leurs époux et de leurs enfants.

1. Il n'est pas d'intrigue si finement tramée qui n'arrive... — 2. Kanonenschuß, *m.* — 3. Lorbeerkranz, *m.* — 4. Très-grande. — 5. Dès qu'il. — 6. Il lui nuit beaucoup. — 7. Pouvez-vous... — 8. Sous l'eau. — 9. Contre l'eau. — 10. A ma vie des fils d'or...

VERBES DÉRIVÉS ET COMPOSÉS.

Exercices écrits.

Version écrite.

Der Unglückliche ist seinem Schicksal nicht entronnen. — Wie gewonnen, so zerronnen. — Du sahst dich um, Orpheus; Eurydicen wolltest du wiedersehn, aber plötzlich zerrann, was dir dein Lied gewonnen. — Der Arzt wusch das geronnene Blut ab, ehe er die Wunde verband. — Der dem Sturm entronnene Schiffer kam endlich in den ersehnten[1] Hafen. — Wie die Wellen des Stromes sind meine Lebenstage zerronnen. —

Und Welle auf Welle zerrinnt,
Und Stunde auf Stunde entrinnt.

Um seinen Feinden nicht in die Hände zu fallen, warf er sich in den Fluß, schwamm durch und erreichte glücklich das andere Ufer. — Der Plan ist gut ersonnen. — Er besann sich keinen Augenblick, und legte diese Schrift sogleich aus[2]. — Was du mir da vorplauderst, ist ersonnen. — Unbesonnene, habt ihr denn nicht die List bemerkt, die der Betrüger so dreist ausgesonnen hatte? — Eine Verschwörung wurde gegen den Tyrannen angesponnen.

Thème écrit.

J'ai joué pour passer le temps[3] et non pas pour te *gagner* ton argent. — La Providence voulut qu'il *échappât* au sort de ses malheureux compagnons. — Vieillards, femmes, enfants, personne *n'échappa* au carnage[4]. — A ce spectacle[5], tout mon sang se *figea* dans les veines. — La source de mes jours comme les ruisseaux *s'est écoulée*. — Les cavaliers se jetèrent dans le fleuve, le *traversèrent à la nage*, et gagnèrent[6] à grand'peine[7] la rive opposée[8]. — Il *réfléchit* quelque temps avant de[9] répondre à[10] cette question. — Si tu *réfléchissais* avant de parler, tu ne dirais pas tant de sottises[11]. — Les hommes ont *inventé* des dieux semblables à eux, des dieux sujets[12] à leurs passions et à leurs vices. — Prenez-y garde, vos ennemis se sont entendus[13], ils ont certainement *tramé* quelque mauvais projet contre vous.

1. Ersehnen, désirer vivement. — 2. Auslegen, expliquer. — 3. Zum Zeitvertreib. — 4. Blutbad, *n.* — 5. Bei diesem Anblick. — 6. Gagner, erreichen. — 7. Mit großer Mühe; mit genauer Noth. — 8. L'autre rive. — 9. Avant qu'il... — 10. Auf (*acc.*). — 11. Albernes Zeug (*sing.*). — 12. Unterworfen. — 13. Sind einverstanden.

QUATRIÈME CLASSE (1re CATÉGORIE).

VERBES SIMPLES.

Exercices écrits.

Version écrite.

Mit Eifer habe ich mich der Studien *beflissen*. — Nach seinem Rückzug aus Rußland *blich* Napoleons Glücksstern. — Der Fuchs *schlich* zum Raben hin und sprach so ungefähr :

„Ja, *gliche* Ihr Gesang dem prächtigen Gefieder,
Sie wären, bei meiner Ehr', ich lüge nicht,
Der Phönix aller Sänger dieses Waldes."

Durch diese *gleißenden* Worte wollte der Schmeichler den Raben bethören. — Obschon alt, *griff* er zu den Waffen, so tief hatte er die Demüthigung seines Vaterlandes empfunden. — Im Mittelalter wurde der Mörder mit glühenden Zangen *gekniffen* und zum Rade verurtheilt. — Der Sturmwind *pfiff* und heulte durch die Segel. — Die Festung wurde *geschleift* und der Erde gleich gemacht. — Der Wind *streicht* nach Osten, bald wird er toben; schnell die Segel *gestrichen*. — Nicht *gewichen*, muthig gegen den Feind *geschritten*, für das Vaterland *gestritten*.

Thème écrit.

Ici plus d'un ennemi a *mordu* la poussière[1]. — L'accusé *pâlit* en entendant prononcer son arrêt. — Dans son désespoir, il *prit* son poignard et, avant qu'on pût le lui *arracher* des[2] mains, il se perça la poitrine[3]. — De tout temps[4], les petits ont *pâti* des[5] sottises des grands. — Les premiers chrétiens ont *souffert* courageusement pour la foi. — Les balles *sifflaient* à nos oreilles, mais aucun de nous ne fut atteint. — Et l'espoir, malgré moi, s'est *glissé* dans mon cœur. — Intrépides soldats, *marchons* à[6] l'ennemi en invoquant l'arbitre[7] des combats. — Il *passa* la main sur ses yeux[8] et comprima[9] une larme. — J'ai toujours *combattu* pour la bonne cause. — Un jour, raconte Florian, deux chauves se *disputaient*[10] un peigne. — Que l'intérêt particulier[11] *cède* devant les intérêts communs[12].

1. Mordre la poussière, in's Gras beißen. — 2. Aus. — 3. Dans la poitrine. — 4. Zu jeder Zeit. — 5. Durch die... — 6. Contre. — 7. Walter. — 8. Il se frotta les yeux de (mit) la main. — 9. Unterdrücken. — 10. Pour un... — 11. Das eigene Beste. — 12. *Sing.*

Exercices parlés.

Version parlée.

Warum schreit dieses Kind? — Ein Hund hat es in die Hand *gebissen*. — Der Tag brach an, die Sterne *blichen*. — Er *glich* völlig dem gemalten Bilde. — Wie ein Aal ist er mir aus den Händen *geglitten*. — In dem Hofe des Schlosses fand ich zwei Affen, die *kiffen* und sich einander *knippen*. — Schweige, oder du bist verloren, sagte mir leise mein Freund, indem er mich in den Arm *kniff*. — Das Land hat bei dem Durchzug der Truppen viel *gelitten*. — Nimmer werde ich vergessen, daß du mich aus der Noth *gerissen* hast. — Da kommt der Vogt *geritten*. — Geben Sie doch dem Kind kein scharf *geschliffenes* Messer. — Zum Zeitvertreib fochten wir mit Stöcken; unversehens *schliß* meines Gegners Stock und ein Splitter drang mir in's Auge. — Der freche Kerl wurde zur Thüre hinaus *geschmissen*. — Das Getreide ist reif, es muß sobald als möglich *geschnitten* werden. — Bei ihm wich die Freundschaft der Politik.

Thème parlé.

Depuis quelque temps, je me suis beaucoup *appliqué* à l'étude de la langue allemande. — Les deux frères se *ressemblaient* comme deux gouttes d'eau[1]. — Le vase *glissa* de[2] ses mains et tomba[3] en mille morceaux. — Comment t'appelles-tu et que me veux-tu[4]? dis-je à l'enfant en lui *pinçant* amicalement la joue[5]. — Je m'appelle Pierre; mon père vous invite à entrer chez lui, parce qu'il a vu que vous *souffriez* d'[6] une blessure au pied. — Vous avez beaucoup *souffert* dans vos malheurs, mais vous avez beaucoup gagné en *souffrant*. — Où *allais-tu à cheval* ce matin? — *J'allais* avec mon ami à la campagne. — On *saisit* le meurtrier et on lui *arracha* le poignard des mains. — Les couteaux sont-ils *aiguisés*? — Oui, ils *coupent* bien. — Quoi, misérable, s'écria-t-il, tu oses[7] m'insulter, et il lui *jeta* la coupe à la tête. — Le bois blanc se *fend* très-facilement. — *Coupez*-nous du pain. — J'(en) ai *coupé* plusieurs morceaux. — Es-tu blessé? — En taillant[8] un crayon, je me suis *coupé* à la main. — L'armée *marchait* en ordre de bataille. — La violence du mal[9] *céda* enfin à la puissance[10] des remèdes[11].

1. Comme une goutte d'eau à l'autre. — 2. Aus. — 3. Tomber, zerfallen. — 4. Que désires-tu de moi? — 5. Dans la joue. — 6. An. — 7. Oser, sich erfrechen. — 8. Tailler, zuspitzen. — 9. Ce mal violent (heftig). — 10. Kraft, *f.* — 11. Heilmittel, *n.*

VERBES DÉRIVÉS ET COMPOSÉS.

Exercices écrits.

Version écrite.

Die französische Sprache mit der deutschen *verglichen*, ist eine wortarme Sprache. — Das Uebel *griff* nach einander alle Theile des Körpers *an*. — Die Gelegenheit will rasch *ergriffen* sein. — Statt des Gewinns, auf den er beim Spiel zählte, hat er einen bedeutenden Verlust *erlitten*. — Den Glauben an mich selbst und an Andre haben sie mir *entrissen*. — Die Zeit hat mit sich *fortgerissen*, was noch so fest gegründet schien. — Das Schloß wurde in Brand gesteckt[1] und *abgerissen*. — Sobald er zum Ritter geschlagen[2] war, *ritt* er auf Abenteuer *aus*. — Es hat sich ein Fehler in dieses Buch *eingeschlichen*. — *Ungeschliffen* bleibt der Diamant ein roher Kiesel. — Hier ist ein malerisches von Bächen und Schluchten *durchschnittenes* Erdreich. — Dreizehn Jahre waren *verstrichen*, seitdem diese beiden Brüder getrennt gewesen waren.

Thème écrit.

Personne n'a jamais été *comparé* à La Fontaine pour[3] la naïveté, ni à Racine pour l'élégance. — Malheur à celui d'entre vous, continua le lion, qui *se hasardera à toucher* à la quatrième part. — En plein jour, nous fûmes *attaqués* par des voleurs sur la grande route[4]. — Les premiers chrétiens *souffrirent* la mort avec courage pour la foi. — Les soldats *arrachèrent* le cadavre de leur général des mains de l'ennemi. — Tous les cœurs furent *entraînés* par cette mâle éloquence. — Est-ce une disgrâce semblable à la mienne qui vous a *arraché* à votre patrie? — En même temps, le voile du temple se *déchira* en deux[5] depuis le haut jusqu'en bas. — Les anciens *déchiraient* leurs vêtements en[6] signe d'affliction. — Vous avez *outrepassé* les bornes de la raison. — On a *contesté* ma succession; un droit si bien établi[7] ne se *conteste* pas. — Les vaisseaux *évitèrent* heureusement ce terrible écueil. — Pendant que les gardiens dormaient, les prisonniers se sont tous *évadés*.

1. In Brand stecken (mettre en feu), incendier. — 2. Zum Ritter schlagen, armer chevalier. — 3. In Betreff (*gén.*). — 4. Landstraße, *f.* — 5. In zwei Theile. — 6. Zum. — 7. Begründet.

Exercices parlés.

Version parlée.

Du hast da eine harte Nuß *aufgebissen*[1]. — Er *glitt* auf dem Eis *aus*, fiel und brach ein Bein. — Diese beiden Gemälde können gar nicht mit einander *verglichen* werden. — Die Lebensart die du *ergriffen* hast, kann ich nicht billigen. — Man hat mich bei meiner schwachen Seite *angegriffen*. — Mit Rath läßt er sich nicht helfen, man kann ihn nur *bemitleiden*. — Warum sind Ihre Bücher so beschmutzt und *zerrissen*? — Weil ich mich nicht prachtvoll kleiden kann, soll ich darum *zerrissen* einhergehen? — Er riß ihm die Binde vor den Augen *weg*. — Ich hätte mich gern *weggeschlichen*, aber die Gesellschaft ließ mich nicht fort. — Er *durchschnitt* den prächtigen Apfel, und sieh! in seiner Mitte war ein Wurm! — Sie haben die Pastete noch nicht *angeschnitten*? — Hier haben Sie auch den Braten bei der Hand; flink *vorgeschnitten*. — Du hast die Regeln des Wohlstandes *überschritten*. — In Ihrer Aufgabe ist alles *durchstrichen*. — Bei dieser Beschäftigung *verstrichen* mir zwei Tage höchst angenehm. — Zur Aufgabe zergliedern Sie die *unterstrichenen* Wörter.

Thème parlé.

J'ai voulu pêcher pour passer le temps à la campagne, mais les poissons ne *mordaient* pas. — Je *conçois* vos raisons mieux que vous ne pensez. — *Saisis* l'occasion par[2] les cheveux. — On *prit* les voleurs en flagrant délit[3]. — Tu oublies déjà que hier tu *subis* un affront à cause de ta paresse. — Ton frère est-il encore malade? — Non, il a *cessé de souffrir*. — Ce spectacle lamentable me *déchirait* le cœur. — Je ne m'exposerai jamais au danger d'être *sifflé* par un public[4] capricieux. — On *l'arracha* du sein de sa famille, et on le jeta en prison. — Voilà un cavalier bien mal *monté*. — Cette volaille est tendre, elle se *découpe* facilement. — Ce morceau de gâteau était trop grand, je l'ai *coupé en deux*, permettez-moi de vous en offrir la moitié. — *Effacez* ce nom de la liste, il n'est pas digne d'y figurer[5]. — Prenez garde, les portes sont fraîchement *peintes*. — Ce sont là des choses qui ne sont *contestées* par personne. — La vue du fils *m'attendrit* le cœur pour le père.

1. Eine harte Nuß aufbeißen (casser une noix dure), se tirer d'un pas difficile. — 2. Bei. — 3. Auf frischer That. — 4. Zuschauer ou Zuhörer, *m. pl.* — 5. Darauf stehen.

QUATRIÈME CLASSE (2e CATÉGORIE).

VERBES SIMPLES.

Exercices écrits.

Version écrite.

Dieser Diener *blieb* ihm bis zum Tode treu. — Die Obstbäume sind in diesem Boden niemals *gediehen*. — Diesem Unglücklichen hat er seinen Beistand *geliehen*. — Was sie heute *gepriesen* haben, werden sie morgen verachten. — Hast du immer die Gesellschaft der Bösen *gemieden*? — Ich habe zwei Glückliche gemacht, sagte er, und *rieb* sich die Hände vor Freude. — Unsre Freunde sind alle, einer nach dem andern, aus der Welt *geschieden*. — Kein Hoffnungsstrahl *schien* dem Unglücklichen mehr. — Diese Bücher sind gut *geschrieben*; leihen Sie mir dieselben. — Das war ein Verbrechen, das um Rache *schrie*. — Wer *schweigt*, willigt ein[1]. — Die Nachtigallen *schwiegen*, an ihrer Stelle *schrieen* die Raben mit krächzender Stimme. — Ehemals gab es viel mehr Vulkane, die Feuer und Asche *spieen*. — Das Blut *stieg* ihm in's Gesicht. — Die zur Verzweiflung *getriebenen* Einwohner ergriffen die Waffen und rächten sich. — Er *wies* uns den Weg, den wir im Nebel nicht finden konnten.

Thème écrit.

L'armée se mit en marche[2], et il *resta* deux bataillons pour garder[3] le défilé[4]. — C'est à l'ombre[5] de la paix que les arts sont nés[6], ont *prospéré* et se sont perfectionnés[7]. — J'ai lu ce roman qu'on a tant *vanté*, mais il ne m'a pas *paru* intéressant. — Dieu a dit : Que le soleil *paraisse*, et il *parut*. — Les lettres que madame de Sévigné et sa fille se sont *écrites* sont des chefs-d'œuvre du genre[8] épistolaire. — Les blessés *poussaient des cris* de douleur[9]. — Le calomniateur *s'est tu;* sa voix impure ne pouvait ternir[10] tant de vertus. — Il a blasphémé[11], s'écria le grand-prêtre, et il livra Jésus aux soldats qui le frappèrent et lui *crachèrent* au[12] visage. — Le pilote ne pouvait plus résister à la tempête qui nous *poussait* avec violence vers des rochers.

1. Einwilligen, consentir. — 2. Marcha en avant. — 3. Hüten. — 4. Engpaß, *m.* — 5. Unter dem Schutze. — 6. Naître, entsprießen, aufblühen. — 7. Et sont arrivés à (zu) la perfection. — 8. Schreibart, *f.* — 9. Vor Schmerz schreien. — 10. Schwärzen, verunglimpfen. — 11. Blasphémer, Gott lästern. — 11. Dans le.

Exercices parlés.

Version parlée.

Bauer. Herr Hauptmann, ach! was macht mein armer Sohn? Man *schrieb* mir jüngst, er sei in einer Schlacht *geblieben*.

Hauptmann. Ei Freund, das hat ein Lügner Euch *geschrieben*, er *blieb* nicht, denn er lief davon.

Unrecht Gut *gedeiht* nicht. — Hier bringe ich Ihnen das Buch, das Sie mir *geliehen* hatten. — Du hast dich an ihm *reiben* wollen, er hat dir aber die Ohren *gerieben*. — Wir sind als gute Freunde von einander *geschieden*. — Die Sonne *schien*, die Hitze war groß. — Er *schien* die Hülfe dringend nöthig zu haben. — Ich kann diese schlecht *geschriebene* Schrift nicht lesen. — Aus vollem Halse *schrie* er über Ungerechtigkeit. — Warum, mein Freund, hast du so lange *geschwiegen*? — Ich habe dir schon zwei Briefe *geschrieben*, worauf ich keine Antwort erhielt. — Gestern sind wir auf den Gipfel des Righi *gestiegen*. — Dadurch hast du seinen Zorn auf's Aeußerste[1] *getrieben*. — Mein Vater stand auf und *wies* dem frechen Schelm die Thür. — Warum hast du deinen Nächsten so leichtfertig des Geizes *geziehen*?

Thème parlé.

La porte était *restée* ouverte, *pardonnez*-moi si je suis entré sans frapper[2]. — Avez-vous été en Allemagne? — Oui, j'ai *séjourné*[3] trois ans à Vienne. — Il donnait avec bien plus de plaisir qu'il (ne) *prêtait*. — *J'évitais* qu'il me parlât de cette affaire. — Nous nous *frottions* les mains pour les réchauffer. — Il se *sépara* de ses compagnons à la porte de la ville. — L'esclavage me *parut* plus dur que la mort. — Vous n'avez encore *écrit* ni à votre père, ni à votre mère. — Pourquoi *gardiez-vous le silence* au lieu de défendre votre cause? — J'*ai gardé le silence* parce que je prévoyais qu'on ne m'écouterait pas. — Le temps va se remettre[4], le baromètre est *monté*. — Vous avez *poussé* trop loin la plaisanterie. — Vous avez aussi facilement *accusé* les autres de leurs fautes, que vous vous êtes *pardonné* les vôtres. — Il n'est pas fort poli de *montrer* quelqu'un du doigt[5].

1. Au comble; à bout. — 2. Anklopfen. — 3. Je suis resté. — 4. Deviendra plus beau. — 5. Mit dem Finger auf Jemand weisen.

VERBES DÉRIVÉS ET COMPOSÉS.

Exercices écrits.

Version écrite.

Gott hat uns den Verstand *verliehen*, um zu erkennen, folglich müssen wir im Denken thätig sein. — Der Sieg *blieb* lange *unentschieden*. — Zehn tausend Mann stießen uns zu und *entschieden* den Ausgang der Schlacht. — Auf den Trümmern der größten Throne *schrieben* die Römer der ganzen Welt Gesetze *vor*. — Die Erde bebte, mit dumpfem Tosen drangen Feuergarben aus dem Schlund des Vulkans, der ungeheure Steinmassen *ausspie*. — Die Soldaten stürzten sich auf den Feind, und oben auf dem Wall, den sie *erstiegen* hatten, schwangen sie bald eine Fahne. — Zu dieser Unternehmung wurde ein Aufwand erfordert, der sein Vermögen bei weitem *überstieg*. — So rennt und läuft nun ein Jeder, um den traurigen Zug der armen *Vertriebenen* zu sehen. — Die erste Forderung an den Menschen macht immer und ewig die Natur, welche niemals darf *abgewiesen* werden. — Der Feldherr wurde des Verraths angeklagt und *überwiesen*. — Der Schöpfer hat jedem Wesen seinen Platz *angewiesen*.

Thème écrit.

Les vertus guerrières *restèrent* après qu'on eut perdu toutes les autres. — O sort, reprends la faveur que tu m'as *prêtée !* — La nature a *distingué* les diverses races d'hommes par des traits frappants[1]. — Les deux rivaux[2] *vidèrent*[3] leur querelle à Pharsale. — Molière est le plus grand poète comique qui ait *paru* en France. — Démosthène, pour perfectionner son style, *copia* huit fois l'histoire de Thucydide. — La nature obéit aux lois que Dieu lui a *prescrites*. — O Télémaque, en rendant vos sujets heureux, montrez-vous digne du trône où vous êtes *monté*. — La reine Christine est *descendue* du trône pour se livrer[4] avec plus de liberté[5] à l'étude. — On peut dire que la comédie est une imitation *exagérée*. — L'ardeur de s'enrichir[6] *chassa* la bonne foi. — Platon voulut qu'on *expulsât* les poètes de[7] sa république.

1. Auffallend. — 2. Nebenbuhler, *m.* — 3. Décidèrent. — 4. Sich widmen. — 5. Plus librement. — 6. Habsucht, *f.* — 7. Aus.

Exercices parlés.

Version parlée.

Es *blieb* ihm von seinem ganzen Vermögen nichts mehr übrig. — Ich bin und *verbleibe* Ihr treuester Freund. — Nach seinem Tode sind vier Kinder *hinterblieben*. — Die Strafe wird nicht *ausbleiben*. — Er *pries* seine Waare zu sehr *an*. — Hast du dich noch nicht *entschieden*, mit mir auf Reisen zu gehen? — Seit wann ist dieses Werk *erschienen*? — Alle deine Thaten, sowohl die guten als die schlechten, werden im Himmel *aufgeschrieben*. — Dieser Brief ist nicht *überschrieben*. — Vergessen Sie nicht die *verschriebene* Arznei einzunehmen. — Man *schrieb* diese Krankheit dem feuchten Klima *zu*. — Diese prächtige Aussicht ist nicht zu *beschreiben*. — *Eingestiegen*, es ist Zeit abzufahren. — Wo sind Sie *abgestiegen*? — Im Gasthof zum goldnen Löwen. — Du hast deine Strenge gegen dieses Kind *übertrieben*. — Diese Probe hat mir noch einmal *bewiesen*, daß du es aufrichtig mit mir meinst. — Er ist mit seiner Klage *abgewiesen* worden. — Deine Nachlässigkeit ist wieder strafbar: du vergissest, daß ich dir schon einmal *verziehen* habe. — *Verzeihen* Sie, wenn ich andrer Meinung bin als Sie.

Thème parlé.

Je suis *resté levé* pour vous attendre. — Nous serions souvent bien malheureux si Dieu nous *accordait* tout ce que nous lui demandons. — Honore la mémoire des gens de bien qui sont *décédés*. — Il remercia, salua et ne *reparut* plus. — Tu as donc un pensum[1] à faire? — Oui, j'ai vingt pages à *copier*; j'(en) ai déjà *copié* dix. — Les envieux *attribuaient* tous nos succès[2] au hasard. — Le vrai bonheur ne *se décrit* pas, il se sent. — Malgré le mauvais temps, nous *gravîmes* les flancs[3] escarpés de la montagne. — Néron *monta* sur le trône à l'âge de dix-huit ans[4]. — Vous ne *descendrez* plus, j'espère, à l'hôtel où vous êtes *descendu*, vous *descendrez* chez moi. — L'exemple du chef *anima* toute l'armée. — Vous n'avez pas encore *prouvé* que vous aviez raison[5]. — Je serais un ingrat si j'oubliais jamais les services que vous m'avez *rendus*. — Jamais la dispute n'a *convaincu* personne. — J'ai reconnu mes torts envers mon ami, il m'a *pardonné*.

1. Strafarbeit, *f.* — 2. Les succès (der glückliche Erfolg) de nos entreprises. — 3. Abhang, *m.* — 4. Dans la dix-huitième année de son âge. — 5. Recht, *n.*

CINQUIÈME CLASSE (RADICAL ie).

VERBES SIMPLES.

Exercices écrits.

Version écrite.

Der Sturm, welcher das Rohr kaum gebogen, zerschmetterte die Eiche. — Die Feinde flohen nach allen Seiten. — Es wäre nicht so viel Blut geflossen, es flösse keines mehr, wenn die Herrscher sich der Gerechtigkeit und Menschenliebe statt der Ehrsucht beflissen. — Im Uebermaß genossen, wird jede Freude bald zum Ueberdruß. — In diesen Wäldern krochen ungeheure Schlangen durch das Gebüsch.— Er schob die Schuld auf seinen Sekretär, welches immer eine bequeme Ausflucht für die Minister ist. — Der Jäger schoß auf den Löwen und traf ihn in's Herz. — Das Heer rückte mit geschlossenen Gliedern voran. — Ich glaubte, du bliebest bei mir, mein Sohn, und schlössest mir die Augen. — Der Schnee zerfloß, die Dächer und Bäume troffen, und schon sprossen Frühlingsblumen. —

So ging's fort in sausendem Galopp,
Daß Roß und Reiter schnoben,
Und Kies und Funken stoben. —

Verzeih' dem Geist, der, von deinem Lichte berauscht, das Irdische verlor. — Mit dem Pfeil, dem Bogen kommt der Schütz gezogen.

Thème écrit.

Tu *plies* un arbre, mais tu n'as pas ployé[1] ton caractère.— Il y eut beaucoup de sang *répandu*[2] dans ce combat : les traits *volaient* de part et d'autre[3], comme la grêle tombe dans une campagne pendant l'orage. — Regrettez[4]-vous encore les honneurs dont vous avez *joui?* — Les plus grands rois *rampaient* dans la poussière devant Rome, souveraine de la terre. — Le criminel a fait publiquement l'aveu de l'assassinat qu'il avait *rejeté*[5] sur son compagnon. — Il a le visage ouvert, les lèvres[6] et le cœur *fermés.* — Tout annonçait le printemps : et les hirondelles, qui bâtissaient leurs nids, et les arbres fruitiers, qui *bourgeonnaient*, et les violettes, qui *répandaient leur agréable* odeur[7]. — Dans un chemin montant[8], sablonneux, malaisé[9], six forts chevaux *tiraient* un coche. L'attelage *suait*[10], *soufflait*, était rendu[11]. — Le temps *perdu* ne revient pas. — Dieu a *pesé* tes actions dans la balance de la justice.

1. Ployer, beugen. — 2. Beaucoup de sang coula. — 3. Des deux côtés, von beiden Seiten. — 4. Regretter, zurückwünschen. — 5. Rejeter, schieben. — 6. Une bouche. — 7. Qui sentaient agréablement. — 8. Steil. — 9. Holpericht. — 10. Suer, von Schweiß triefen. — 11. Était épuisé.

Exercices parlés.

Version parlée.

Der Mensch *bog* sogar die Metalle zu seinem Gebrauch. — Sind diese Bücher feil *geboten*[1]? wie viel haben Sie dafür *geboten*? — Die Schwalben *flogen* hoch in der Luft; wir konnten auf ein günstiges Wetter zählen. — Das *fließt* wie der Bach aus der Quelle. — Es *fror* den armen Wanderer. — Sie hatten diesen Wein in ein schlechtes Faß *gegossen*; Sie müssen ihn *umgießen*, sonst wird er sauer werden. — Nicht wahr, du hast den Braten *gerochen*? — Diese Blumen konnten wir nicht in unserm Zimmer behalten, weil sie zu stark *rochen*. — Er *schob* das Geld in die Tasche und lief davon. — Wohl *geschossen*, aber übel getroffen. — Aus seinen Reden haben wir *geschlossen*, daß er noch gegen dich aufgebracht ist. — Geben Sie uns gefälligst weich *gesottene* Eier[2]. — Sage deinem Freund, was dich *verdrossen* hat. — Hören Sie mich, der ich Alles *verloren*, was auch Sie *verloren*. — Zeit und Ehre *verloren*, Alles *verloren*. — Sie haben mir schlecht *gewogen*, geben Sie mir was mein ist. — Du hast mich den Kürzern[3] *ziehen* lassen; du *zogst* dennoch keinen Vortheil daraus. — Den Beutel *gezogen*, und bezahlt.

Thème parlé.

Les arbres *ployaient* sous le poids des fruits. — Combien vous a-t-on *offert* pour votre maison? — Je reconnus mon ami et je *volai* dans ses bras. — Le lâche a *fui* et m'a laissé entre les mains des brigands. — Des larmes *coulèrent* sur[4] ses joues. — Cette nuit, il a fait *très-froid*, la rivière même a été *prise*. — Cela *sent*[5] la poudre ici, n'avez-vous rien *senti?* — La chasse a-t-elle été bonne aujourd'hui? qu'avez-vous *tiré?* — A quelle heure les portes de la ville sont-elles *fermées?* — Préférez-vous les œufs *à la coque* aux œufs *durs?* — La sueur *ruisselait* du[6] front de l'infatigable[7] touriste[8]. — Il est *contrarié* de n'avoir pas réussi dans ses projets. — Où il n'y a rien, le roi[9] a *perdu* ses droits[10]. — A la mort du roi, chaque famille croyait avoir *perdu* son meilleur ami, son père. — Veuillez me dire combien *pesaient* mes bagages[11]. — Il est comme le savetier de[12] la fable, plus malheureux que jamais, depuis qu'il a *gagné* le gros lot[13]. — Six chevaux blancs *traînaient* le char du triomphateur.

1. Feil bieten, mettre en vente. — 2. Œufs mollets ou à la coque. — 3. La plus courte paille. — 4. Ueber. — 5. Ajouter nach, sans article. — 6. Sur le. — 7. Unermüdlich. — 8. Wanderer, *m.* — 9. L'empereur. — 10. *Sing.* — 11. Gepäck, *n.* (*Sing.*). — 12. Zu. — 13. Gagner le gros lot, das große Loos ziehen.

VERBES DÉRIVÉS ET COMPOSÉS.

Exercices écrits.

Version écrite.

Der Redner bot seine ganze Geschicklichkeit auf, sie zu besänftigen, aber umsonst. — Seine Tugenden geboten Achtung und Ehrfurcht. — Unaufhaltsam ist die Zeit verflogen. — Jene frohen Jahre der blühenden Jugend, die du verschwendet, sind dir auf immer entflohen. — Ihre Tage flossen in Unschuld dahin. — Ueberall sind die Brunnen ein- und die Bäche zugefroren. — Gebt Rechenschaft wegen des vergoßnen Bluts. — Die Grube war voll Ungeziefer[1], das kroch und schloff durcheinander. — Aufgeschoben ist nicht aufgehoben; doch selten war morgen besser als heute. — Der Vogt Geßler wurde durch Wilhelm Tell todtgeschossen. — Die Römer schienen entschlossen, nicht eher zu ruhen, als bis sie die ganze Welt unterworfen hätten. — Hier beschlossen viele Tapfere ihr kurzes Leben. — Hat man Krieg oder Friede beschlossen? — Das Gold schließt alle Schlösser auf. — Kein Verbrechen, sein Verdienst allein hat ihm diesen Fall zugezogen[2]. — Der grausame Tod raubte ihm die mit so vieler Sorgfalt erzogenen Kinder.

Thème écrit.

Une chose *offerte* est une chose due. — J'accepte la paix que vous m'avez *offerte*. — Le premier être qui *s'offrit* aux yeux d'Idoménée fut son propre fils. — Toutes les troupes ont été *appelées sous les armes*. — La paix a *fui*[3] ce séjour. — L'amitié me resta lorsque le bonheur se fut *envolé*[4]. — Que de siècles se sont *écoulés* sans laisser de vestiges[5] après eux! — Cet invalide eut[6] les pieds *gelés* à la retraite de Moscou. — Est-il un mortel qui n'ait *versé* des larmes? — Le voyage ne peut être *remis* sans déranger tous nos desseins. — On ouvrit la tranchée[7], on *canonna* la place[8], on renversa un rempart, on *fit brèche*[9] en peu de temps. — Les portes du temple de Janus ne restèrent pas longtemps *fermées*. — Nous avons *résolu* de combattre le mal partout où nous le rencontrerons. — L'homme n'a guère de maux que ceux qu'il s'est *attirés* soi-même. — La prospérité est comme une mère tendre mais aveugle qui *gâte* ses enfants. — Les enfants de ceux qui sont morts pour la patrie sont *élevés* aux frais[10] de l'État. — La sentence est prononcée, mais elle n'est pas encore *exécutée*.

1. Insectes malfaisants. — 2. Zuziehen, attirer. — 3. De ce... Aus... — 4. Fuir, entfliehen. 5. Vestige, Spur, *f.* — 6. A cet invalide furent. — 7. On creusa la tranchée (Laufgraben, *m.*) — 8. Festung, *f.* — 9. Faire brèche, Bresche schießen. — 10. Auf Kosten.

Exercices parlés.

Version parlée.

Du hast schon wieder Bücher gelesen, die ich dir *verboten* hatte, weil kein Vortheil daraus zu *ziehen* ist. — Ist das längste Leben nicht ein Traum, der schnell *vorübergeflogen* ist? — Der Vogel ist *fort*. — Wo bist du *hingeflohen*, geliebter Friede? — Er *zerfloß* in Thränen, als er die Hütte wiedersah, wo er einst so glücklich gewesen. — Kellner, kann man hier *Gefrornes*[1] haben? — Dem armen Wanderer sind beide Füße *erfroren*. — Deine arme Mutter hat deinetwegen die bittersten Thränen *vergossen*. — Haben Sie das Tintenfaß *vollgegossen*? — Wir näherten uns dem Baume und erblickten ein Nest mit mehreren kürzlich *ausgekrochenen* Jungen. — Der Spion wurde ohne weitere Umstände *erschossen*. — Sie haben *fehlgeschossen*, dort läuft der Hase, den Sie *geschossen* haben. — Ist das Haus wohl *verschlossen*? — Es thut Einem wohl, freie Luft zu schöpfen, wenn man lange *eingeschlossen* war. — Er ist aus unsrer Gesellschaft *ausgeschlossen* worden. — Sie haben Ihre Strümpfe verkehrt *angezogen*. — Sie haben Ihren ältesten Sohn *verzogen*, weil Sie ihn immer den andern Kindern *vorzogen*. — Ich bitte, daß mein Testament treu *vollzogen* werde.

Thème parlé.

Tout le monde m'a *offert* des services, et personne ne m'en a rendu. — Il est *défendu* de fumer ici. — L'honneur vous *commanda* ce sacrifice. — Il n'y a plus que le nid, les oiseaux se sont *envolés*. — Il s'est *enfui* au moment du[2] danger. — La Seine avait *débordé* et inondait les quais. — Vous avez les mains *gelées*; approchez-vous donc de la cheminée et chauffez-vous. — Si tu *arrosais* ces fleurs tous les matins, elles ne dépériraient[3] pas ainsi. — Nous aussi, nous avons *versé* notre sang pour la patrie. — Pourquoi as-tu *remis* ce travail à demain? — Le déserteur fut *traduit*[4] devant un conseil de guerre[5] et *fusillé*. — Je lui ai *avancé* de l'argent sur un billet[6]. — Toutes les portes lui sont *fermées*. — L'eau de la cascade *retombait en pluie de poussière*. — Cette conduite vous a *attiré* de grands reproches. — Votre montre est-elle *montée?* — Oui, je la *monte* tous les soirs avant de me coucher[7]. — Il serait à désirer que tous les parents *élevassent* leurs enfants comme vous. — Cet égoïste a toujours *préféré* son bien-être personnel aux devoirs de la société.

1. Des glaces. — 2. Au moment de, vor. — 3. Dépérir, dahin welken. — 4. Traduire devant... ziehen vor, *acc.* — 5. Kriegsgericht, *n.* — 6. Gegen einen Wechselbrief. — 7. Se coucher, zu Bette gehen.

CINQUIÈME CLASSE (RADICAUX ä, ö, ü, au).

Exercices écrits.

Version écrite.

Alles wohl *erwogen*, werde ich diese lange Reise nicht unternehmen. — Most *gohr* in den Fäßern. — Der fromme Dichter war *gerochen*, die Mörder boten selbst sich dar. — Ist das Licht *erloschen*, oder hast du es ausgeblasen? — Der König *schwur*, die hinterlistige That auf's schrecklichste zu rächen. — Damon und Pythias hatten sich ewige Freundschaft *geschworen*. — Gott! so warst du mir zum Versorger *erkoren*! — Wohl *erzogen* hat nie *gelogen*[1]. — *Wer lügt, trügt*. — Ach! was sind die Könige ausgesetzt! die weisesten selbst werden *betrogen*. — Obgleich wir uns in unsern Hoffnungen *betrogen* sahen, *verloren* wir den Muth nicht. — Die Wunde öffnete sich noch von Zeit zu Zeit und *schwor*. — Dieser Hund *säuft* kein Wasser mehr; man muß sich vor ihm hüten. — Die Bienen flogen hin und her und *sogen* Honig aus den Blumen. — Die Pferde *schnoben* vor Muth und Kampfbegierde, und die Ritter *schnoben* Rache und Blut. — Seine Schreibart ist, so wie sein Herz, *verschroben*. — Die Hörner *erschollen* in Wall und Thal. — Das Weltall *erschallt* von dem Ruhm des Schöpfers.

Thème écrit.

Tout bien *considéré*, je te soutiens en somme[2] que, scélérat pour scélérat[3], il vaut mieux être un loup qu'un homme. — Dans les cœurs irrités, la sédition *fermentait*. — Il s'est *vengé* par le mépris de ses injures. — L'amour du sol natal ne s'est pas encore *éteint* dans nos cœurs. — Il semble qu'on ait *juré* de ne jamais s'entendre, pour avoir le plaisir de disputer toujours. — Puissent tous ses voisins ensemble *conjurés* saper[4] ses fondements encore mal assurés. — Il y a beaucoup d'appelés[5] et peu d'*élus*. — Charlemagne a été *élu*[6] empereur, l'an 800. — Il faut[7] une bonne mémoire après qu'on a *menti*. — On n'est jamais si facilement *trompé* que lorsqu'on cherche à *tromper* les autres. — Tu m'as *trompé* une fois, tu ne me *tromperas* plus. — Son âme *respirait* la vengeance et les combats. — Cette serrure n'est pas assez solidement *vissée* à la porte. — Ce coup de tonnerre a *retenti* avec une grande force dans la montagne. — De nos cris douloureux[8] la plaine *retentit*.

1. Bon sang ne peut mentir. — 2. Soutenir en somme, kurz behaupten. — 3. Wenn man doch ein Bösewicht sein soll. — 4. Untergraben, zerstören. — 5. Berufen. — 6. Ajouter zu. — 7. Il faut avoir. — 8. Jammergeschrei, *n*.

CINQUIÈME CLASSE (REMARQUE).

Exercices parlés.

Version parlée.

Im Norden *drischt* man das Getreide auf der Tenne, im Süden läßt man die Aehren durch Pferde austreten. — Diese Helden *fochten* bis zum letzten Athemzug. — Die Mädchen *flochten* Kränze in ihre Locken; das war ihre einzige Zierde. — Er hob die Hand gen Himmel und schwur hoch und theuer[1], daß er unschuldig sei. — Die Thiere werden in der Fabel zu moralischen Wesen *erhoben*. — Der Ritter hob den Handschuh seines Gegners *auf*. — Kaum waren wir in den Wald eingetreten, als sich am Himmel ein Gewitter *erhob*. — Die Männer *pflogen* des Feldbaues, indem die schon erwachsenen Kinder die Heerden auf die Weiden *trieben*, die Schafe *schoren*, und die Frauen zu Hause die Kühe *molken* und Kleider *woben*. — Hier *quillt* helles, frisches Wasser aus dem Felsen; wir können endlich unsern Durst stillen. — In Thränen *schmilzt* seine fühlende Seele *hin*. — Da *schmolz* der Schnee und der Waldstrom *schwoll*. — Und es wächst des Sturmes Toben, hoch zu Bergen *aufgehoben*, *schwillt* das Meer. — Der Wind *erhebt* sich und *schwellt* die Segel.

Thème parlé.

Qu'est-ce qui vous a *engagé* à partir? — Tout le blé n'a pas encore été *battu;* le reste sera *battu* cet hiver dans les granges. — Je meurs pour la liberté pour laquelle j'ai vécu et *combattu*. — A l'occasion de la distribution des prix, on *tressa* des couronnes de feuillage et de fleurs pour les jeunes vainqueurs. — Le temps renverse tout ce qu'il *élève*. — Justes, ne craignez point le vain pouvoir des hommes, quelqu'*élevés* qu'ils soient, ils sont ce que nous sommes. — Dans nos courses à la campagne, nous aimions à nous rafraîchir avec du lait *frais*[2]. — Ses paroles *partaient*[3] du cœur. — Veuillez attendre que je *me sois fait*[4] *la barbe*, et je ferai un tour de promenade avec vous. — La glace se *fondit* au soleil. — On a *fondu* un grand nombre de canons nouveaux. — Son pied est *enflé* d'une entorse[5]. — Le ballon *s'enfla* lentement. — Les filles de Charlemagne filaient et *tissaient* elles-mêmes les vêtements de leur père et de leurs époux.

1. Hoch und theuer (hautement et solennellement) par ce qu'il y a de plus sacré. — 2. Fraîchement trait. — 3. Quellen. — 4. Scheren. — 5. Verrenkung, *f.*

VERBES SEMI-RÉGULIERS.

VERBES SIMPLES.

Exercices parlés.

Version parlée.

Die Feuer des Lagers *brannten* düster durch den Nebel. — *Gebrannte* Kinder fürchten das Feuer. — Ich habe ihn immer als einen ehrlichen Mann *gekannt*. — Das Licht war in der Welt, und die Welt *kannte* es nicht. — Man *nannte* Attila die Geißel Gottes. — Der Unbesonnene war von selbst in sein Verderben *gerannt*. — Da kam er *gerannt* und schrie : es *brennt*. — Mich hat dennoch Gott dem König von Frankreich zur Hülfe *gesandt*, sprach Johanna zu ihren Richtern. — Das Blatt hat sich *gewandt*[1]. — Ach! daß der Himmel solches Unglück von uns *wendete*! — Der Mensch *denkt*, Gott lenkt. — Haben die Zeitungen bessere oder schlimmere Nachrichten vom Kriege *gebracht*? — Ein Wort *brachte* das andere. — Nicht einmal der geliebten Bücher wurde *gedacht*. — Wer ein Mann ist, sagt nicht, was er *thun* will, sondern *thut* es; nie wird er es bereuen, seine Pflicht *gethan* zu haben. — Es ist bald gesprochen, aber schwer *gethan*.

Thème parlé.

Nous *brûlions* d'[2]impatience de vous voir arriver. — Nous désirerions peu de choses avec ardeur, si nous *connaissions* parfaitement ce que nous désirons. — Si tu *connaissais* mieux cet homme, tu ne le fréquenterais pas. — Il *appelait* toujours les hommes et les choses par[3] (leurs) noms. — Socrate peut être *appelé* le père[4] de la philosophie. — Si tu avais suivi les conseils de cet homme perverti, tu aurais *couru* à[5] ta perte. — C'est Dieu qui vous a *envoyé* pour nous tirer de la misère[6]. — Pourquoi ne *t'adressas*-tu pas à[7] mon ami pendant mon absence? — Je ne me suis pas *adressé* à lui, parce que je ne le *connaissais* pas assez. — Les premiers hommes, après avoir inventé les armes, les *tournèrent* bientôt contre leurs semblables[8]. — *Fais* à autrui ce que tu veux qui te soit *fait;* si les hommes *pensaient* plus souvent à cette maxime chrétienne, ils ne se rendraient pas si malheureux. — Hélas! s'écria un ministre sur le lit de mort, pourquoi n'ai-je pas *fait* pour Dieu ce que je *fis* pour le roi. — Si tu *faisais* cela, tu me *mettrais*[9] dans l'embarras.

1. Le vent a tourné. — 2. Vor. — 3. Bei. — 4. Urheber, *m.* — 5. In. — 6. Aus der Noth helfen. — 7. An, *accus.* — 8. Gegen ihres Gleichen. — 9. Bringen.

VERBES DÉRIVÉS ET COMPOSÉS.

Exercices écrits.

Version écrite.

Wie viel Klafter Holz haben Sie diesen Winter verbrannt? — Er machte mich mit mir selbst bekannt. — Ich, der ich es so aufrichtig mit dir meinte, wurde von dir verkannt. — Man erkannte Napoleon den Ersten an seinem durchbohrenden Blick. — Der erste Preis ist ihm zuerkannt worden. — Ich habe, ihren Befehlen zufolge, die Kiste versandt. — Jeder Augenblick, der nicht wohl angewandt wird, kann für verloren geachtet werden. — Dagegen ist Nichts einzuwenden. — Vorgethan und nachbedacht hat in der Welt viel Unheil (ge)bracht. — Wehe dem, welcher verstohlen des Mordes schwere That vollbracht! — Euch hinterbrachte er seine Klage. — Ich bin Ihnen unendlich verbunden, daß Sie mir das beigebracht haben. — Sie sind mit Recht gegen diesen Undankbaren aufgebracht. — Ein Leben, das man mit Nähen, Stricken, Spinnen, Kochen zubrachte, war das ehemalige Schicksal einer Frau; jetzt wird gestickt, gesungen, allerlei Bücher gelesen. — Was der Vater erspart, verthut der Sohn.

Thème écrit.

Dans le dernier incendie, tout un quartier de la ville[1] a été *consumé.* — Pour l'homme, rien n'est aussi *inconnu* que l'homme même. — Je croyais que vous *connaissiez* mon frère? — Je le *reconnaîtrais* si je le voyais. — Il *détourna* la tête pour ne pas me voir. — Des envieux *dérobèrent* à Christophe Colomb la gloire et les honneurs qui lui étaient dus. — Ceux qui ont mal *employé* leur temps sont les premiers à se plaindre de[2] sa brièveté. — Il n'a vu que son devoir et n'a point *hésité.* — De petites causes ont *produit* souvent de grands événements. — Tout crime est *consommé* lorsqu'on a eu l'intention de le commettre. — M'avez-vous *rapporté* les livres que je vous avais prêtés? — Le sacrifice est *accompli.* — On m'a *rapporté* que vous avez dit beaucoup de bien de mon frère dans cette société. — J'ai perdu en un jour toutes les économies que j'avais *amassées.* — Comment a-t-il *dissipé* toute sa fortune en aussi peu de temps? — Pourquoi n'avez-vous pas *amené* votre ami? — Il n'a pas pu venir, il était trop occupé. — Ce jeune homme *passait* son temps à[3] jouer et à chasser. — Laissez-le, il est trop *irrité* pour écouter la raison.

1. Stadtviertel, *n.* — 2. Ueber (*acc.*). — 3. Mit.

VERBES SEMI-RÉGULIERS AUXILIAIRES DES MODES.

Exercices écrits.

Version écrite.

Sechs Tage **sollst** du arbeiten, und am siebenten ausruhen. — Die einzige Art, seine Freiheit zu behaupten, besteht darin, nie etwas andres zu wollen, als was man **soll**; dann **darf** man thun, was man **will**. —

„Was **wolltest** du mit dem Dolche?"
„Die Stadt vom Tyrannen befreien."
„Das **sollst** du am Kreuze bereuen."

Wie vieles **bedarf** ich nicht, sagt der Weise! — Mancher Mensch **weiß** nicht immer, was er **kann**, **will** oder **soll**. — Ein unzufriedener Mensch findet nirgends sein Glück, er **mag** es suchen wo er **will**. — Wie groß die Könige sein **mögen**, so sind sie doch nicht mehr als wir. — Bauen, das **mag** noch hingehen, aber wie **kann** man schon so alt noch pflanzen! —

Ich lasse den Freund dir als Bürgen,
Ihn **magst** du, entrinn' ich, erwürgen. —

Man **muß** zu gehorchen **wissen**, um wohl befehlen zu **können**. —

Ich habe nichts als mein Leben,
Das **muß** ich dem Könige geben. —

Das Herz **weiß** nicht, wovon der Mund spricht. — Wer mich da gesehen, hätte nicht **gewußt**, ob ich todt oder am Leben sei.

Thème écrit.

Un bon fils *doit* respecter son père. — Avant de corriger les autres, il *faudrait* se corriger soi-même. — Si la bonne foi était exilée du reste de la terre[1], elle *devrait* se retrouver dans le cœur des rois. — *Veuille* ce que tu *dois*, et tu *pourras* faire ce que tu *veux*. — Tout paraît aisé à qui ne *sait* rien faire. — Peut-être ne ferait-on pas tout ce qu'on *peut*, sans l'espérance de faire plus qu'on ne *pourra*. — Choisis des amis à qui tu *puisses*[2] te fier entièrement. — *Puissiez*-vous retrouver le bonheur que vous avez perdu. — Celui qui ne *sait* pas se taire *sait* rarement parler. — Tous les hommes *doivent* mourir. — La félicité du monde demande[3] deux choses : *pouvoir* ce qu'on *veut*, *vouloir* ce qu'il *faut*. — Il *faut* aimer la vertu pour elle-même[4]. — Celui qui n'apprend pas les langues étrangères ne *sait* rien de sa propre langue. — Ce que vous nous dites là, nous le *savions* depuis longtemps.

1. Aus der übrigen Welt. — 2. Tu peux. — 3. Erheischt. — 4. Ihretwegen.

Exercices parlés.

Version parlée.

Ihr *sollt* euern Eltern und Lehrern gehorsam sein. — Wer den Zweck *will*, der *muß* auch das Mittel *wollen*; wer also ernten *will*, *muß* säen. — Gott *wolle* Alles zum Besten wenden! — *Darf* ich mir die Freiheit nehmen, Sie nächstens zu besuchen? — Da ich nicht thun *darf*, was ich *möchte*, *können* Sie mich doch denken lassen, was ich *will*. — Ich *bedarf* Ihres guten Rathes sehr. — So gern ich dir helfen *wollte*, so *konnte* ich es doch nicht. — Ich *kann* vor Weinen nicht weiter schreiben. — *Könnten* Sie mir einige Lesebücher leihen? — Er *kann* weder schreiben noch lesen. — Dieser Verdacht *kann* mich nicht treffen. — Spottet über Niemand, wer es auch sein *mag*. — Mehr als Worte hätte Beispiel da *vermocht*. — *Möge* der Himmel Ihnen langes Leben schenken! — Der Fischer *mochte* pfeifen, wie er *wollte*, die Fische kamen nicht. — Man *muß* sich selbst kennen. — Er wird sicher kommen, er *müßte* denn krank geworden sein. — Ich *wüßte* nicht, wie man's Einem ärger machen *wollte*[1]. — Gott *weiß*, was daraus entstehen wird! — Er *weiß* nichts von dem, was er *wissen soll*. — Wir *wollen* von der *bewußten*[2] Sache sprechen.

Thème parlé.

Faut-il que je te dise ma façon de penser[3] en bon français? — J'ai fait ce que j'ai *dû*[4]. — On *devrait* planter des arbres le long de cette route. — Ne *vouliez*-vous pas faire un voyage en Italie cette année? — Oui, mais jusqu'à présent je n'ai pas *pu*. — Pourquoi n'avez-vous pas fait ce que je vous ai dit[5] de faire? ou vous n'avez pas *pu*, ou vous n'avez pas *voulu*. — Je n'ai pas *osé*. — Tu *peux* me nommer par[6] mon nom; c'est un nom que mes enfants *pourront*[7] porter sans rougir[8]. — *Oserais*-je vous prier de me donner quelques renseignements[9]? — Je ne *puis* pas faire ce travail. — *Veux*-tu que je t'aide? — S'il *pouvait* venir, il me ferait plaisir. — Il aurait *pu*, s'il avait *voulu*. — *Puisse*-t-il enfin trouver le repos dont *il a besoin*. — Je *voudrais savoir* ce que vous avez fait de[10] l'argent que je vous ai donné. — Il *faut* qu'une porte soit ouverte ou fermée. — Si tu *veux* venir avec moi à la campagne, il *faut* que tu sois chez moi vers dix heures et demie. — Tu ne dis pas tout ce que tu *sais*.

1. Es arg machen, (le faire méchamment) avoir de mauvais procédés. — 2. En question. — 3. Façon de penser, Meinung, *f.* — 4. Imparfait. — 5. Dire; commander, heißen. — 6. Bei. — 7. Peuvent. — 8. Sich schämen. — 9. Auskunft, *f.* (*sing.*). — 10. Mit.

TABLE ALPHABÉTIQUE

DES VERBES IRRÉGULIERS.

TABLE DES MATIÈRES.

PREMIÈRE PARTIE.

FORMATION DES MOTS.

DEUXIÈME PARTIE.

CONJUGAISON DES VERBES IRRÉGULIERS

AVEC LEURS PRINCIPAUX DÉRIVÉS ET COMPOSÉS.

TROISIÈME PARTIE.

EXERCICES SUR LES VERBES IRRÉGULIERS ET LEURS PRINCIPAUX COMPOSÉS.

FIN DE LA TABLE.

Paris. — Imprimerie DELALAIN, 18, rue Séguier.

www.ingramcontent.com/pod-product-compliance
Ingram Content Group UK Ltd.
Pitfield, Milton Keynes, MK11 3LW, UK
UKHW020304180726
13839UKWH00001B/361

9 782329 594149